日本語版への序言

「資本主義」の概念は注目すべきカムバックを遂げている。長い間それは、マルクス主義に近い層の外ではほとんど用いられなかった。しかし、近年それはふたたび、社会分析、歴史学、そして社会批判の中心的概念になっている。資本主義をめぐる今日の論争は国境をまたがり、原理原則に関わり、種々の論議を呼んでいる。論争は学問の世界で、メディアにおいて、そして政治の議論のなかでなされている。

資本主義をめぐる論争は、今日の世界の喫緊の諸問題――グローバル化、気候変動、貧困、社会的不平等、進歩の意味と進歩が人間にもたらすコスト――についての議論に扉を開きうる。近代、そしてそれがもたらすチャンスと危機を理解するには、資本主義の本質への洞察が不可欠である。資本主義の長期の歴史を知ることは、現在の資本主義を理解する助けとなる。

歴史家は、ここ数世紀の経済的・社会的変化を分析するためにこの概念を用いてきた。歴史家にとって「資本主義」は同時に、歴史のジンテーゼのための概念上の道具として役立つ。それにより、歴史の経済的・社会的・文化的・政治的諸次元を相互に結びつけることが可能になるからである。

資本主義はつねに論争的概念、批判の概念でもあった。今日でもそれは、社会における論議の中心にある。一部の人々はそれを、すべての悪の根源と捉えている。資本主義のありうべき、そして望ましい終焉についての論争は止むことがない。他の人々はそれを、繁栄と自由への道として擁護する。この議論の領野のなかでは、単純化や神話や歪曲が頻繁になされている。しかし、資本主義批判は資本主義自体と同じくらい古くからある。それは、資本主義が今日まで生き延びることを可能にした深甚な諸変化を資本主義にもたらす力の一つとなってきた。

本書は、資本主義の諸定義、古代から現在にいたるその発展と批判のコンパクトな概観を提供する。そこで資本主義は、経済システム、あるいは、社会的・文化的・政治的諸条件ならびに諸帰結を伴う経済行為と理解されている。本書では、商人資本主義、農業資本主義、工業資本主義、金融資本主義というような資本主義のさまざまなタイプが区別される。資本主義は、イノベーションと成長の原動力として、しかしまた危機と搾取、疎外の源泉として議論される。資本主義における労働、市場と国家、企業家と企業、そしてここ数十年の間に進展した金融化などのテーマが論じられる。本書はまた、精神史・文化史のテーマとしての資本主義についても論じている。西洋における資本主義の展開が記述の前面に出てはいるが、しかし資本主義のグローバルな諸次元、グローバルな拡大も軽視されてはいない。とくに市場と国家の関係について、北米、ヨーロッパ、東アジアの状況の相違が明らかにされている。
数百年におよぶ発展のなかで、資本主義はその姿を大きく変えうることを示してきた。歴史的概観とグローバルな比較が示すのは、それがきわめて多様な社会的・文化的・政治的諸条件のもとで存在しうることである。それは、社会、文化、政治にきわめて深い影響をおよぼす。しかし逆にそれは、政治の介入、社会的諸行為によって影響され、姿を変えうる。資本主義は定められた運命ではない。それは、過去においてきわめてさまざまな目的のために投入され、また現在でも投入されている強力な資源なのである。

ユルゲン・コッカ

ベルリン、二〇一八年八月

資本主義の歴史　目次

資本主義の歴史

第一章　資本主義とは何か

一　論議のつきまとう概念

「資本主義」という概念には論議がつきまとってきた。多くの研究者はこの概念の使用を避けている。この概念があまりにも論争的であるからであり、それは、この概念が批判の意味をもった概念として登場し、そして何十年ものあいだ、そのようなものとして用いられてきたことによる。この概念はさまざまに定義され、また、しばしば何ら定義されることなしに用いられてもきた。この概念にはきわめて多くの内容が含まれ、それを明確に規定することは難しい。この概念を使うのはもうやめにして、たとえば「市場経済」について語ればよいのではないか。

他方、資本主義をめぐる議論に本質的な寄与をなした優れた社会科学者・人文科学者が何人もいる。キー概念をめぐる戦争でもあった冷戦の終結から四半世紀経ち、科学の言説のなかにこの概念が力強く戻ってきた。二〇〇八年に始まった国際的金融・債務危機が、資本主義に対する批判的関心をさらにかき立てた。アメリカの大学で、資本主義の歴史に関する講義がブームになっている。「資本主義」をタイトルに含む書籍や論文が増えている。ヨーロッパでもこの概念は――経済学者よりはジャーナリスト、社会科学者・人文科学者の間ではあるが――長いことなかったほどアクチュアルになっている。(1) しかし、この概念を用いるのであれば、その歴史を知り、それを明確に定義することが必要である。

散発的な先行事例を別として、「資本主義」という言葉が用いられるようになったのは、フランス語、ドイツ語、英語ではようやく一九世紀後半のことである。しかし、「資本」および「資本家」という概念であれば、すでにそれ以前から日常語として定着していた。たとえばドイツ語では、「資本」という概念は、商人の言葉（遅くとも一六世紀初めには頻繁に用いられていた）から、一七・一八世紀に登場した社会科学・経済学の用語に移行していった。当初それは、（投資されるか、あるいは貸与される）貨幣、そして後には、貨幣・有価証券・商品・生産設備からなる資産、消費・蓄蔵されることなく、もっぱら「それがもたらす利益を考えて」（一七七六年）保有される貨幣・資産を意味していた。

「資本家」は、一七世紀以来、「現金と大きな資産をもち、それが生む利子とレンテ（レント）〔地代などの非稼得性収入〕で生活できる豊かな資本をもつ人間」（一七五六年）を指していた。より具体的には、商人、銀行家、レンテ生活者や、融資を行うその他の人々、つまり「資本の取引をし、あるいはその仲介を行う」(一七一七年)人々が「資本家」と呼ばれた。その後、稼得者が「自身の労働および収入のうち必要な消費分を越える余剰を蓄積し、新たに生産や労働に用いる場合」(一八一三年)、そうした者すべてもまた「資本家」と呼ばれるようになった。さらに一八世紀末以降、資本家は、労働者と対比して、そしてやがて労働者に対立するものとして、「賃金やレンテでなく、利益によって生活する雇い主(問屋《といや》商人、工場企業家、商人)の階級」(一八〇八年)と見られることがますます多くなった。すでにここに見られるこの概念の階級社会的な意味合いは、続く数十年、つまり、大陸ヨーロッパで民衆の貧困が広がり、革命の緊張が一八四八/四九年に爆発し、工場制や賃労働を伴う工業化が進展した数十年の間に強まっていった。もっとも、そうした事態の観察者は一九世紀初めに至るまで、実例となる材料を、他に先駆けて資本主義的工業化を進めたイギリスから引き出していたのであるが。[2]

言葉の用法を決定づけるには至らなかった初期における少数の用例を別として、「資本主義」という言葉が一九世紀半ばにまずフランス語、一八六〇年代初めにドイツ語、そしてやや遅れて英語で広く用いられるようになったとき、それは当初、とりわけこのような階級社会的・批判的な意味

(1) "In History Departments, It's Up with Capitalism," *New York Times*, 6.4.2013; Sklansky 2012; Kocka 2010; Kocka/van der Linden 2016.
(2) Hilger 1982, 408-442, esp. 410, 433 f., 437-439; Kocka 2015.

合いを帯びていた。社会主義者ルイ・ブランは一八五〇年に、「他者を排除した一者による資本の略取」と資本主義を評し、これを批判した。一八五一年にピエール・ジョゼフ・プルードンは、パリの住宅市場で流通する土地を「資本主義の要塞」と非難し、法外な額の家賃と投機を取り締まる措置を求めた。一八六七年には、フランスのある代表的な事典が「資本主義」を新語に加え、プルードンに言及しつつ、「資本あるいは資本家の力」とこれを説明した。ドイツでは、社会主義者ヴィルヘルム・リープクネヒトが一八七二年に、「産業の戦場」で不正を働く「資本主義のモレク［多大の犠牲を求める神］」に攻撃の言葉を浴びせた(3)。

少なくともドイツ語では、この言葉は当初の論争的な方向性を急速に超えて広がっていった。カール・マルクスは、実は「資本主義」という言葉をほとんど使っていないのだが、ただし一八五〇・六〇年代に「資本主義的生産様式（kapitalistische Produktionsweise/capitalist mode of production）」［そのまま訳せば「資本家的生産様式」］について盛んに論じ、大きな影響を与えた。国家社会主義の理念に共感を示した経済学者ヨハン・カール・ロートベルトゥスは一八六九年に、「資本主義は一つの社会システムになった」と述べている。一八七〇年には、自由―保守主義的な信条をもった国民経済学の教授アルベルト・エバーハルト・フリードリヒ・シェフレが『資本主義と社会主義――企業・資産の諸形態を中心に』を公刊した。そこで彼は賃労働と資本の対立について詳しく論じ、この対立を和らげるため、国家が支援して改革を進めるよう求めた。シェフレは資本主義を、最大の利益を求めて競い合う「企業家的」資本家たちのリーダーシップの下にある一国および国際的な

「有機的組織体」と規定した。「社会主義者がつぎのように言うとき、彼らは正しい」とシェフレは付言している。すなわち、「現在の経済は資本主義的生産様式によって」、つまり「資本主義」のヘゲモニーによって特徴づけられる、と。マイヤー百科事典が一八七六年版で初めて――「資本」という項目のなかでではあるが――「資本主義」について論じたとき、シェフレを参照するよう指示がなされている。この広く流布した事典が「資本主義」について独自の項目を設けて詳しく論じたのは一八九六年版においてであるが、「資本主義」はそこでは、「社会主義的・集産主義的な生産方法に対する資本主義的生産方法の呼称」と説明されている。

一九〇二年にはヴェルナー・ゾンバルトの大著『近代資本主義』が刊行され、資本主義概念の定着に大きく貢献した。この書物が刊行されて以後、資本主義の理論・歴史・現在を論じる社会科学・歴史学の文献が急速に数を増したが、そのかなりの部分はゾンバルトの書物を論争相手に据えて議論を展開している。ゾンバルトは、自分の仕事はマルクスのそれを引き継ぎ完成させるものだ、と理解していたが、しかし実際は、企業家および企業の役割の強調、「資本主義の精神」というコンセプト、そして、中世盛期のイタリアにまでさかのぼる視野の広さによって、明確にマルクスをしのいでいる[4]。

（3） Blanc 1850, 161; Proudhon 1851, 223. *Grand dictionnaire universel du XiXe siècle* (Paris: Larousse, 1867), 3: 320. リープクネヒトの引用は Hilger 1982, 443 f. による。

イギリス（Great Britain）では、早くも一八五一年にこの概念が使われていたことを確認しうる。しかし、遅々としてではあるがそれが広い範囲の人々、とくにフェビアン協会に属する人々の間に浸透していったのは一八八〇年代以降のことである。ジョン・A・ホブソンは、その著書『近代資本主義の進化』（一八九四年）で工場制の発展に焦点を当てている。ブリタニカ百科事典がこの概念に初めて言及したのは、一九一〇／一九一一年版においてである（ただしなお見出し語は「資本」となっている）。その後、一九二二年版で「資本主義」が独自の項目として取り上げられ、生産を目的として経営者と労働者を雇用する「私的な事業主によって生産手段が所有されるシステム」という定義がこれに与えられている(5)。

合衆国における「資本主義」の概念の歴史は、イギリスにおけるそれと類似している。ただしここでは、ジャーナリストや学者がこの概念を取り入れるより前に、労働者階級の急進的集団の間でこの言葉が知られていたことを示す証拠がある。アメリカの経済学者のなかではソースタイン・ヴェブレンが、この言葉を用いた最初の一人である。一九一四年の著書『ものづくりの本能と産業技術の状態』で彼は、ヨーロッパの著作家たちに従い、資本主義が工業化よりはるかに古く、一五・一六世紀以後、手工業・商業・金融から生まれ出た、と論じている。しかし同時に彼はつぎの点を強調した。すなわち、「その最高度の発展は機械技術の進んだ段階とともに訪れるのであり、後者によって明確に条件づけられている」と(6)。

所有権の個人化、財・労働・土地・資本の市場商品化、価格メカニズムと競争、投資・資本・利潤、権力を握る所有者と従属する無産の賃労働者、資本・労働間の緊張、不平等の拡大、工場制と生産の工業化――これらがさまざまな形で結びついて、第一次大戦に至る時期に登場した資本主義概念の主要な諸特徴を形成する。この言葉は、ほとんどの場合、経済行為あるいは経済システムを表すのに用いられたが、しばしばその社会的・文化的諸帰結にも特別の注意が向けられていた。

　全体としてこの概念は、批判の精神、そして比較の視座から生まれたと言える。この概念は通常、以前の状況と明確に異なり、新しく、そして近代的なものと理解された自身の時代についての観察を描き述べるために用いられた。あるいはそれは、まずは理念として思い描かれ、やがて実際に姿を現し始めた社会主義と対比して、現実の状況を示すために用いられた。今とは別の、時に美化された過去の記憶に照らして、あるいは、社会主義のオルタナティブとして思い描かれたより良い未来に照らして、ほとんどの場合、当時の現状を批判的に見るという文脈の下で「資本主義」の概念は登場した。この言葉のこのような二重の機能がそれを、ある者には疑わしく、しかし他の者にはそれだけにますます興味深いものにした。二つの機能がぶつかりあうこともありえたが、しかし、

（4） Hilger 1982, 443（ロートベルトゥスについて）; Schäffle 1870, 116. *Meyers Konversations-Lexikon*, 3rd ed. (Leipzig: Bibliographisches Institut, 1876), 9: 876; Sombart 1902.

（5） Jones 1851, 646. Hobson 1894; Shadwell 1920, 69; *Encyclopaedia Britannica* 1910–1911（11th ed.）, vol. 5: 278; and 1922（12th ed.）, vol. 30（Suppl.）: 565–571. Williams 1976, 42–44.

（6） Veblen 1914, 282 f.; Brick 2006, 23–33; Merrill 1990, 470–473; Merrill 2014.

そうならざるをえなかったわけでもない。この点は今日でも同じである。

二　三つの古典——マルクス・ヴェーバー・シュンペーター

一九世紀末から二〇世紀初めにかけて、多くの知識人、社会科学者・人文科学者が資本主義を、自身の生きる時代の決定的な特徴と捉えた。多くの歴史家がすでに当時、この言葉がまだ存在しなかった過去何世紀もの間における資本主義の歴史を研究するために、この言葉を用いた。(7) 英語圏やフランス語圏の著作家よりドイツ語圏の著作家の方が、資本主義についての学問的議論に多数参加した。彼らによって資本主義の概念は、政治闘争の概念から、分析的にソフィストケートされた体系的な概念へと意味を拡げていった。(8) 以下では、「資本主義」についての議論、その定義に今日まで強い影響をおよぼしている資本主義論の三人の古典的思想家、カール・マルクス、マックス・ヴェーバー、そしてヨーゼフ・A・シュンペーターについて論じることにしよう。

カール・マルクスは「資本主義」という用語を稀にしか、そして付随的にしか使わなかった。しかし、資本主義的［資本家的］生産様式についての詳細かつ洞察力に満ちた記述により、資本主義についての彼の理解は、他の誰にも増して続く諸世代に強い影響を与えた。マルクスの資本主義概念の主要な要素は、以下の四点にまとめることができる。

一　マルクスは、分業と貨幣経済を前提とする発達した市場を資本主義の中心的構成要素と見た。技術上・組織上の進歩を促進し、ただし同時に市場の参加者を相互に対立させる、国境を越えた仮借ない競争の存在を、彼は強調した。資本家と労働者、生産者と消費者、売り手と買い手が、それぞれの動機がどうであれ、それに従わなければ没落という処罰を受けるよりほかない市場の「法則」の強制的性格を、彼は浮き彫りにした。

二　マルクスは、本質的に限界のない蓄積、つまり、多かれ少なかれ自己目的となった資本の形成と持続的増加とを、資本主義の特徴として詳細に論じた。はじめは他の諸部門からの移転による「原始的蓄積」（略取や暴力を伴うこともある）として、後には利益の再投資、究極的には労働が生み出す価値に由来する利益の再投資として。資本は凝固した労働なのである。

三　マルクスは、一方における生産手段の所有者としての資本家、および彼らに従属する企業家および経営者と、他方における生産手段をもたない労働者、契約に拘束されはするがそれ以外では自由な、賃金・俸給を得て働く労働者との緊張関係を、資本主義的生産様式の核を成すものと捉えた。この両者は、一つには交換関係により（労働力ないし労働サービスと賃金ないし俸給との交換。つまり商品としての労働ないし労働力）、また一つには、資本家による労働者の「搾取」を可能にす

（7）　たとえば、Salvioli 1906; Pirenne 1914; Cunningham 1916; Tawney 1926; Sée 1926.

（8）　Passow 1927.

る支配・従属関係によって相互に結びついている。ここで搾取とは、労働者によって生み出された価値の一部、いわゆる剰余価値が労働者のものとならず、あるいはその対価を支払われないという意味である。この部分は資本家／企業家のものとなり、彼らはそれによってさらに蓄積を進め、一部は自身の消費支出のために用いる。

このように理解された資本―賃労働関係は、資本主義システムのダイナミズムを強めるだけではなく、同時に階級闘争を引き起こし、この闘争を通じて長期的には、ブルジョアジーとプロレタリアートが相容れない敵として向き合うようになる。マルクスによればこのことこそが、プロレタリアートによって担われ、資本主義システムを廃棄し、それと異なる社会主義ないし共産主義的なオルタナティブ――ただしマルクスはこのオルタナティブについて詳しくは語っていない――によって替える革命の前提条件だった。この予言、自身の歴史的使命を認識せよ、というプロレタリアートに対する呼びかけとも読まれえたこの予言によって、マルクスは彼の理論的コンセプトを、多くの人々が一九世紀末以来まさにそのようなものと理解した実践的・政治的な行動指針に変えたのである。

四　マルクスは、資本主義システムのダイナミズム、ブルジョアジーによって担われ、すべての伝統的なものを解体し、世界中に広がり、そのロジックを経済以外の生活の諸領域に拡げていく衝動と、のみならずその能力をも持つこのシステムの巨大なダイナミズムを描き出した。彼は、資本主義的生産様式が、社会・文化・政治のありようを決定的に規定する傾向をもつと確信していた。経済学者アダム・スミスが「商業社会（commercial society）」として、また、哲学者ゲオルク・ヴィルヘルム・フリードリヒ・ヘーゲルが「市民社会（bürgerliche Gesellschaft）」として描いたものを、マルクスは「資本主義的社会構成体（kapitalistische Gesellschaftsformation）」として論じたのである。

資本主義のこのような像は、マルクスとフリードリヒ・エンゲルスが一九世紀後半のドイツ、そしてとくに西ヨーロッパで観察することのできたダイナミックな諸条件によって決定的に影響されている。彼らは産業革命を画期的な変革と捉えた。彼らはまた、鬱積《うっせき》する労働者問題の社会的な起爆力に気づいていた。彼らは資本主義を、「大工業」と大量の賃労働を中心にもつ工業資本主義として初めて完全な形で現れるものとして捉えた。工業化に先だってさまざまな形の資本主義が存在したことをマルクスは否定しなかったが、しかしそれを探求することはなかった。彼が関心をもったのは、近代的な、工業経済の形をとった資本主義、そして——イギリスでは一六世紀に始まる——その成立の歴史だった。

マルクスの考えに対する批判は枚挙にいとまがない。労働を、新たに創造される価値の唯一の源泉として過大評価する一方、市場の文明化作用を過小評価している、という批判は正当である。生産性の源泉としての知識と組織の重要性についての認識不足、工業資本主義の社会的帰結についての誤った予測、市場・交換・利己心に対するほとんど古風と言ってよいヨーロッパ的な不信にも批判が向けられた。にもかかわらず、マルクスの分析は独創的で人を強く惹《ひ》きつける力をもち、それに批判的である場合を含め、資本主義について論じようとするほとんどの者にとって、今日に至るまで土台を成す参照点であり続けている。(9)

マックス・ヴェーバーは、資本主義というテーマを西洋の近代化という包括的な歴史の文脈のなかで論じた。このことを背景として彼は、この概念を工業時代に固定することから解き放った。マルクスと異なりヴェーバーは、資本主義がそれ自身の危機によって滅びるだろうとは考えなかった。彼が問題としたのは、むしろ過度の組織化と官僚制化によって資本主義のダイナミズムが硬直化する危険である。彼は、将来の社会主義システムの優位性を信じなかった。彼の分析は、テーマの上でマルクスのそれより広範囲におよび、また歴史的にはより遠い過去にまでおよんでいる。

ヴェーバーの見るところ、資本主義的経済行為を特徴づけるのは、競争と交換、市場価格による行動決定、資本の投下、そして利潤の追求である。彼の定義によれば、資本主義的経済行為は、最低限度の計算、つまり予期されるリスク・損失・利益の秤量と、そして投下された資本の収益力のコントロールを含まねばならない。彼は、資本主義的経済行為の「形式的・計算的な合理性」を強調した。彼は、このような合理性が何より資本主義的企業の構造によって保障されていると考え、企業と経済主体の私的家政との分離、企業の権限組織にシステマティックに組み込まれた目的合理性を強調した。資本主義的企業のこのシステマティックな目的合理性には、分業と協業、生産手段をもたない労働者による形式的に自由な労働、そしてこの労働が経営の規律、すなわち最終的には資本の所有によって正当化される企業家ならびに経営者の命令権に服することが含まれる。彼は、資本主義的企業の効果的なマネジメントが、一つには貨幣・信用・資本市場を前提とすることを明らかにした。同時に彼は、特殊な経済的志向が不可欠だと考えた。この志向は、彼の考えでは無制約な貪欲と等値さるべきでなく、むしろこの貪欲の「合理的抑制」、企業の長期的成功を図るべく、長期的視野の下で投資と再投資を計画的に行う姿勢を求めるものである。このような「資本主義の精神」の重要な源泉をヴェーバーは、一六世紀以後のカルヴァン主義者―ピューリタンの倫理のうちに見た（対照的にヴェルナー・ゾンバルトは、このような経済的志向が生まれるにあたり、中世以来ユダヤ人が果たしてきた役割を強調した）。

ヴェーバーは、このように理解された資本主義が、社会の現実の一定の分化、とりわけ「経済」という部分システムの政治に対する相対的自律性――契約、労働市場、財の市場、そして企業活動の自由として具体化する自律性――を前提とすることを、理論的・歴史的に明らかにしている。同時に彼は、何世紀にもわたる資本主義の発展が、経済外的な諸要因、とくに政治や法、国家、国家による戦争、そして国家の財政需要に依存していたことを説得力をもって示した。経済以外の生活

(9)　*MEW* XXIII–XXV（＝『資本論』全三巻、1867, 1884/1885, 1894）. 簡潔な要約的記述として、『賃労働と資本』（1849）: *MEW* VI, 397–423;『共産党宣言』（1848）: *MEW* IV, 459–493. きわめてすぐれた紹介として、Muller 2003, 166–207.

の諸領域にまでそのダイナミズム、その諸原理を貫徹させる巨大な「文化意義（Kulturbedeutung）」を資本主義が有する、と彼は確信していた。ヴェーバーは、これらすべての特徴を備えた完全に発達した資本主義は近代の現象であると考え、近代資本主義を、それ以前の、発展度の劣る諸形態（「初期資本主義」、「政治指向的資本主義」、「レンテ資本主義（Rentenkapitalismus/rentier capitalism）」、「略奪資本主義」）と区別した。彼は、近代資本主義が西洋においてのみ成立し、そしてそのことは、ここで現れた国家形成の形に少なからず負っている、と考えた。彼は、近代資本主義の無批判な賛美者ではなかった。それが備えた「形式的・計算的な合理性」を明らかにしつつ、同時に彼は、それがもたらす経済的効率の持続的上昇が、すべての層の人々の豊かさの持続的増大を伴うとは限らないことを強調した。むしろ、ヴォルフガング・シュルフターがヴェーバーの考えを総括して言うように、資本主義においては、「必要が満たされるのではなく、購買力を伴う必要のみが満たされる」のである。このことのうちにヴェーバーは、「根本的で、結局のところ逃れることのできない非合理性」を見た。[10]

ヴェーバーに対しても数々の批判が向けられてきた。ピューリタン的プロテスタンティズムと資本主義の精神との結びつきについての彼のテーゼには、実証面での疑問がくりかえし投げかけられ、今では大幅に相対化されている（資本主義精神のユダヤ起源を強調するゾンバルトについては一層そうであり、そのような考えは時代遅れになっている）。西洋以外の諸文明、たとえばイスラム諸社会で資本主義が可能かどうかについての彼の判断は、偏見からまったく自由とは言えず、一世紀後の今日では明らかに時代遅れとなった研究水準に依拠している。[11] にもかかわらず彼の分析は、資本主義についてかつて書かれたもののうちで最善のものの一つである。

ヨーゼフ・A・シュンペーターは、資本主義という概念を自身の研究のなかで用いただけでなく、その著作『資本主義・社会主義・民主主義』(初出一九四二年)によって、資本主義についての学問上の議論に長く影響をおよぼしつづけている。私有財産、市場メカニズム、そして企業経済が、シュンペーターによる「資本主義」の定義の構成要素を成す。「資本主義は、貸与された資金を用いてイノベーションがなされるような形態の私有財産経済である。この行為は一般的には〔…〕信用創造を前提する」。信用供与、したがって債務の形成、そしてまた投機を強調するシュンペーターの議論は、ここ数十年における金融資本主義の異様な成長を経た現在、特別のアクチュアリティを獲得している。

シュンペーターは、経済発展のダイナミクスの解明にとくに関心を寄せた。彼は、経済がそれ自身の内から変わっていくメカニズムを探った。そしてそのメカニズムをイノベーション、つまり、

(10) すぐれた手引きとして、Mommsen 1997; Schluchter 2009, 63-74(引用は81); Swedberg 1998; Ghosh 2008. とくに Weber 2012(『経済史』); Weber 2013(『経済と社会』), esp. 285-295, 379-382(= ch. II, §§ 13, 14 and 31); Weber 1988(『宗教社会学』), esp. I, 17-206(『プロテスタンティズムの倫理と資本主義の精神』).

(11) Krämer 2011 を参照。

経済的に新たなものがそこから生まれるように要素・資源・可能性が結合されることのうちに見いだした。具体的には、生産と流通の新たな方法、企業内ないし企業間の新たな組織形態、財の購買・販売のための新たな市場の開拓、新たな、あるいは大幅に改善された商品の生産、新たな需要の掘り起こしなどである。新たなものの導入が必然的に古いものの置き換え、時に破壊を意味することをシュンペーターは明らかにした。こうした意味合いでシュンペーターは——ゾンバルトから概念を借りつつ——資本主義的発展の核としての「創造的破壊」について語ったのである。

このような視点から彼は、景気変動の理論を作り上げた。彼の見るところ、イノベーションこそが成長の引き金を成す。イノベーションは経済的拡大の波を引き起こし、イノベーションを担ったパイオニア的起業家に続き、他の多くの企業家が「群れを成して」その波に加わる。しかし、やがて波は勢いを失い、力を使い果たし、下降局面に入る。そしてやがてまた一群の新たなイノベーションが現れ、景気変動のつぎのサイクルが始まる。シュンペーターが企業家に寄せる強い関心はこうした考えに由来する。彼は企業家を、彼の探究する変動メカニズムの担い手と見たのである。

このことからまた、信用（credit）の重要性についてのシュンペーターの確信も生まれた。イノベーションの成功は完全に確実ではありえない。成功は——本当に成功するとしても——将来のことでしかない。加えて、イノベーションがもたらす果実が——果実があるとして——得られるのは景気循環の上昇局面になってからのことでしかない。したがって、イノベーションを行う企業家はあらかじめ資金を必要とする。それを彼は債務として借り入れ、プロジェクトが成功した暁には利子をつけて返済する。この内在的な「信用と新たなものの実現との結合」が、資本主義のダイナミックな力の特質・基礎を成す(12)。

彼は、資本主義が、わずかな少数者に限らず広範囲の人々に、人類史上かつてなかったような水準の物的な豊かさと個人の自由をもたらしたと確信していた。資本主義経済のこの巨大な能力について、彼は、心理学的・社会学的な説明も加えている。すなわち、このタイプの経済は、絶えず新たに強力な動機――しばしば幻想でしかない富裕となることへの期待、そして、落ちぶれることに対する、こちらは十二分に根拠のある恐れ――を呼び覚まし、それを利用することにより、きわめて有能で、野心と行動力にあふれた人々を経済の指導的地位に引き入れ、そこにとどめることに成功する。にもかかわらずシュンペーターは、資本主義の没落を予言した。資本主義は、その原理が生活の他の諸領域に広がることにより、資本主義を可能にしたまさに社会的な前提条件を損なってしまう。このことをシュンペーターは、とくに大家族という社会制度に即して示している。すなわち、資本主義的企業家にとって大家族は長きにわたり動機づけと力の源泉だったのであるが、しかし、資本主義が促進する道具的合理化と個人化の精神によって、それは掘り崩されていく。資本主義は、その成功の意図せざる諸帰結によって失敗するだろう(13)。

---

(12) Schumpeter 1926, 105（引用箇所）, 165-174; Schumpeter 2010, 234（定義）and 235（端緒）; Schumpeter 2005, 136 f.（「創造的破壊」）. McCraw 2007; Osterhammel 1987 を参照。

シュンペーターの業績も批判を浴びてきた。右のような彼の予言は、二〇世紀後半には説得力を失った。イノベーションという彼の概念は、個々の人間、そして大きな断絶をもたらす個別の行為に固着しすぎている。五〇〜六〇年間隔の景気循環の波（「コンドラチェフ」）という彼の考えは、強い異論を浴びつづけている。社会・政治・文化を射程に入れることがますます稀になっている経済学のメインストリームのなかでは、彼を引き継いで「資本主義」という概念を用いる者はいなかった。しかしながらシュンペーターの業績は、それを支持するにせよ反対するにせよ、生き続けている。資本主義の歴史にとり、それは他に代えがたい存在である。

三　他の諸見解と作業のための定義

資本主義の概念を研ぎすますのに貢献した思想家は、他にも多数存在する。一九二〇・三〇年代にジョン・メイナード・ケインズは、「カネづくりおよび金銭愛に向かう諸個人の本能」に訴えて、これを「経済マシーンの推進力とすること」のうちに、資本主義のエッセンスを見た。彼の見るところ、マックス・ヴェーバーが強調した目的合理性や計算可能性だけでなく、気分、感情、偶然が資本主義において大きな役割を果たす。資本主義のうちに「アニマル・スピリッツ」が働いている、と彼は考えたのである。それを彼は距離をおいて観察しただけではなく、むしろこのスピリッツが資本主義的経済行為の重要な推進力を成す、と積極的に評価した。計算不能な不確かさの圧力のもとでなされる資本主義的経済行為は、こうした推進力を必要とするのである。当時における第一級の鋭敏な経済学者であり、ビジネスの世界にもよく通じていたケインズのこのような評価は、資本主義の道具的合理性のなかで、しかしなお感情によって埋められねばならない空白部分があることを告げている。資本主義が経験してきた危機のうち最新のものである二〇〇八年の大きな危機以来、金融資本主義に対して向けられた批判は、ケインズが強調したこのアニマル・スピリッツと関わっている。(14)

カール・ポラニーの一九四四年(初出)の著書『大転換』では、「資本主義」という言葉はほとんど用いられていない。しかしそこでは、とくに一九世紀以降のイギリスの事例に即しつつ、政治的・社会的「埋め込み」から解き放たれ、しだいに自己調整的になる市場経済の形成が論じられている。ポラニーによれば、この自己調整的市場経済のダイナミズムは、社会が求める統合の必要と鋭く対立した。独立した部分システムとして他から分化した市場は、ポラニーには「悪魔のメカニズム」と思われた。「悪魔の挽《ひ》き臼」。それは絶えざる変化を強い、社会の織りなす組織を引き裂く。たとえば立法と行政によって市場の「埋め込み」の新たな形を生み出し、これによって市場のダイナミズムを制限することに成功しない限り、それは、安定したアイデンティティーを備えた信頼し

(13) この点についてとくに、Schumpeter 2005, pt. 2.
(14) Keynes 1927, 50; Keynes 1936, 161 ff.; Akerlof/Shiller 2009; Berghoff 2011, esp. 80–86.

うる社会秩序の成立を妨げる。ポランニーの著書は実証的な裏づけがきわめて弱く、経済史研究の現在の水準には耐ええず、工業化以前の社会の歴史を根本的に見誤っている。その歴史は、ポランニーが考えるよりはるかに強く市場によって規定されており、彼が考えるよりはるかに牧歌的ではなかった。その一方で、一九世紀および二〇世紀初めにおける市場の力の解放を、彼は明らかに強調しすぎている。とはいえ、この書物には概念上の刺激となる素材がいくつも含まれ、近年、社会科学による批判的資本主義分析に大きな影響をおよぼしている(15)。

ほとんどの著作家にとり、市場は「資本主義」の必要条件ではあっても十分条件ではない。数十年におよぶ冷戦下でしばしばなされた国家社会主義の中央統制経済と資本主義との比較は、市場を、資本主義の本質的要素として一層前面に押し出した。歴史家フェルナン・ブローデルはこうした見方に反対している。一九七九年にフランスで刊行された三巻本、『文明と資本主義　一五〜一八世紀』で彼は、資本主義を「市場経済」と区別した上で、姿を現しつつある資本主義を生き生きと描き出している。市場経済のうちに彼は、地方市場、中小ならびにほとんどの大商人の商取引、さらに見本市や証券取引所も含めている。これに対して「資本主義」という言葉は、ごく限られた少数の富裕で強力な資本家上層による商取引に限定される。この資本家とは、具体的には遠隔地交易で成功した豪商、船主、保険業者、銀行業者、事業家、さらに領主ないし大地主であり、ほとんどの場合、そのいくつかを同時に兼ねていた。このように理解された「上層階」の資本主義において、競争はさして大きな役割を果たさず、ほとんどの場合政治権力者との密接な結びつきを伴う市場におけるチャンスの独占こそが重要だった。

こうしてブローデルは正当にも、長期にわたり、市場の力と政治権力との相互浸透が両者のクリアな分離よりはるかに通例だったことに注意を促した。彼はまた、競争という市場経済の原則と対立し、部分的にはそれを働かなくさせる金権主義的・独占的諸傾向が資本主義のなかに容易に現れうるというよく見られる経験を、的確に捉えている。にもかかわらず、資本主義と市場経済を定義の上で別個のものとして対置するブローデルの考えは、誤っている。近世においても、そして「上層階」においても、生成途上の資本主義は、多大な競争、利益と損失、上昇と没落、チャンスとリスクによって特徴づけられていた。それは市場経済に根を下ろしており、通常は、市場を排除するのではなく、それを広く行き渡らせる力となった。このことは、基本的に今日に至るまで妥当する。[16]

ブローデルの資本主義概念、ヨーロッパ外の資本主義の歴史についての彼の先駆的な考察に連なる存在として、とくにイマニュエル・ウォラーステインとジョヴァンニ・アリギをあげておこう。二人は、資本主義のトランス・ナショナルな、最終的にはグローバルな次元への問いに重要な刺激を与えた。すでに『共産党宣言』が、資本主義のグローバルな拡大を予言していた。とくにルドル

(15) Polanyi 1944. ポラニーの議論に沿ったものとして、Streeck 2009. 歴史家によるポラニー批判として、Kindleberger 1974; Eisenberg 2011, 62–66.

(16) Braudel 1982/84, II（商業の車輪）and III（世界の展望）, 619–632. Vries 2012 を参照。

フ・ヒルファーディングやローザ・ルクセンブルク、そしてレーニンのような帝国主義論を展開した社会主義者たちは、国境を越える資本主義の作用・相互連関、とりわけ帝国主義的拡大を促す資本主義の衝動、帝国主義的に支配する中核部と搾取される周辺部との相互依存、そして、資本主義と国際紛争とのつながりを早くから問題にしていた。諸種の従属理論、そしてとくにウォラーステインの世界システム論は、二〇世紀の第三四半期にこのような考えの伝統をさらに発展させた。そしてアリギが、世界経済の重心と資本主義の主導的地域の空間的移動、中世末期の北イタリアから近代のオランダおよび一八世紀以降のイギリスを経て、合衆国（二〇世紀）、そして――もしかすると――中国への移動を追うことにより、資本主義研究のグローバル化を前進させた。(17)

この二〇年ほどの間に歴史学がグローバルな歴史に目を向けるようになるにつれ、資本主義はますますグローバル史の現象として論じられるようになっている。(18) この結果、資本主義の空間的拡大の範囲、トランス・リージョナルな相互連関への問いに注意が向けられている。新たな問いが研究課題として現れ、資本主義の歴史における西洋の位置のような古くからの問題が、形を変えてあらためて提起されている。これにより、ほぼヨーロッパと北米に即してつくられてきた「資本主義」の諸定義が、長い時間のうちに変わることもありうるだろう。しかし、次のこともまた明らかである。つまり、資本主義の概念および諸理論が、その出発点において西洋の経験と研究の所産であるとしても、その有効性と分析力は西洋にのみ限られるものではない。むしろそれらは、トランス・ナショナルなグローバル史の探求にわれわれを誘うのである。

概念と理論の歴史に関する以上のような考察を踏まえ、また、資本主義の定義についての近年の諸提案[19][20]をさらに吟味した上で、本書の以下の記述の基礎として、「資本主義」を次のように理解しておく。

第一に、資本主義は個人の所有権と分散（分権）的決定を基礎とする。この決定によって生じる

（17） Wallerstein 1974, 1980, 1989, and 2011; Arrighi 1994 and 2007. 独占資本主義について、Baran/Sweezy 1966; Cowling/Tomlinson 2012.

（18） たとえば、Christian 2004, 446-481; Osterhammel 2009, 954-957; Sanyal 2007; Frieden 2007; Maier 2011; Beckert 2014 を参照。

（19） Mann I, 1993, 23 f.: 資本主義には、商品生産、生産手段の私的所有、そして、生産手段の所有から切り離された自由な賃労働が含まれる。Fulcher 2004: 資本主義は、利潤の獲得を目的とする投資を基礎とする。Boltanski/Chiapello 1999, 37 ff.: 資本主義に変化のダイナミズムを与える主要なメルクマールは、資本が、利潤の最大化をめざして、つまり新たに投下された資金の増大をめざして、経済循環にくり返し投下され続けることにある。Appleby 2010, 20-26: 利潤の獲得をめざす私的投資家の欲求がその中心にある経済行動を基礎とする「文化システム」としての資本主義。Ingham 2011, 53: 投資を目的とする銀行信用による資金の創造を可能にする貨幣システム、市場と交換、そして商品生産のための私企業。これらが資本主義の本質的諸要素を成す。Swanson 2012, 5: 資本主義とは、「生産手段の所有者が賃労働者を雇い、市場で売って利益をあげるために財・サービスの生産を行う経済システム」である。Neil, Introduction, In Neal/Williamson 2014, I, 2: 資本主義のさまざまなコンセプトに共通する四つの要素：私有財産権、第三者による強制が可能な契約、反応力のある価格を備えた市場、政府の支援。

結果は、利益であれ損失であれ、個人の責任に帰する。この場合の「個人」とは、個々の人間だけではなく、集団、会社（Firmen）、会社の連合体をも意味する。

第二に、資本主義においては、さまざまな経済的アクターの調整が、とくに市場と価格、競争と協働、需要と供給、商品の購入と販売を通じて行われる。「商品になる」こと、つまり資源・生産物・機能・チャンスの商品化が中心的である。分業と貨幣経済がその前提を成す。

第三に、この種の経済行為にとって、資本が根本を成す。つまり、将来における利益を追求するために現在における貯蓄と収益の投資・再投資がなされる。信用の供与と借り入れ、利益を基準として受け入れること、そして、変化・成長・ダイナミックな拡大の見通しを伴う蓄積、さらに、不確実性・リスクとつきあうこと、時間の経過のなかで収益性をコントロールすることがここに含まれる(21)。

企業活動ないし企業の存在を資本主義のメルクマールとして定義に加えることは、過去も現在も広く存在する明確な形をとらない資本主義のバリエーションを定義によって排除しないために、避けようと思う。しかし、決定・行動・帰責の資本主義的な単位として企業を形成する強い傾向が存在することは確かである。企業が形成される場合、その事業遂行は（国にも自治体にも集団にも属さないという意味での）「私的な」財産権・使用権を前提とする。企業は、国やその他社会の諸機関に対して、そしてさらに経済的アクターの家政に対しても独立している。その内部では、企業はおおむねヒエラルキー的構造をもつ。企業は、資本と労働、つまり、資本の所有から（自身が資本家であるか、あるいは資本家の委託を得ることにより）正当性を得、労働者を雇用する企業家と、資本・生産手段をもたず、他に従属して雇われる者、つまり労働者および職員とが相互に関係を結ぶ場である。労働者は、典型的には契約にもとづく賃労働者であり、つまり期間を限り、全人格が包摂されるのではない形で雇われるのであり、この意味で自由である。資本と労働、雇う者と雇われる者との関

（20）［ドイツ語版と英語版では「定義」に関わる部分の書きようがかなり異なる。本文はドイツ語版によるが、重要な箇所と思うので、英語版の訳を以下に記しておく。「概念と理論の歴史に関する以上のような考察を踏まえ、また、資本主義の定義についての近年の諸提案をさらに吟味した上で、私は、分散（decentralization）、商品化、そして蓄積を基本的特徴とする以下のような資本主義の作業上の定義を提案する。第一に、個人および集団的なアクターが、権利、通常は財産権をもつことが本質的である。これにより、比較的自律的で分散（分権）的な形でこれらのアクターが経済的決定をなすことが可能になる。第二に、市場が、配置（allocation）と調整の主要なメカニズムとして働く。労働を含め、商品化がさまざまな仕方で資本主義に浸透している。第三に、資本が中心的である。つまり、将来のより高い収益を期待して現時点で投資を行うために資源が用いられる。投資のファンドとして、貯蓄と収入に加え信用（credit）が利用される。不確実性とリスクに対処しつつ、利潤と蓄積が目標として維持される。変化・成長・拡大が資本主義には刻み込まれている」。なお、本註ならびに対応する本文で「分散（分権）的」と訳しておいた原語は、dezentral/decentralized という独英の一語である。］

（21）より詳しくは、Kocka 2010 and 2015.

（22）自由な労働を「資本主義」の規定的特徴にどこまで含めるべきかという問題をめぐって、現在活発な論争が展開している。Van der Linden 2008 および本書一三六頁を参照。

係は、一方では市場原理にもとづく交換関係であり、他方では、「剰余価値」の吸い上げを許し、社会にさまざまな帰結を伴う非対称的な支配関係である[22]。

以上の定義により、非資本主義的環境のなかでマイノリティ現象としてしか存在しないような資本主義の発現を、検討のうちに含めることが可能になる。ただし、完全な「資本主義経済」あるいは「資本主義システム」について語りうるためには、資本主義の諸原理がある程度支配的になっている必要がある。経済内部における調整メカニズムとして支配的になる、というだけではない(これもまた重要ではあるが)。非資本主義的な経済・社会・政治等の諸関係のなかで資本主義が根を下ろす、という歴史的には通例の状態に留まらず、資本主義の諸原理が経済を超えて社会の他の諸領域に広がり、それらのありようを多かれ少なかれ規定する、という意味においてである。経済以外の領域にシステマティックに広がる資本主義の性質は、きわめて多様な度合い、多様な形で表れうる。資本主義は、さまざまな社会、文化、国家形態のもとで可能である。同時に、非経済的な生活諸領域への拡大が限界にぶつかることも確かであり、その限界は歴史的に変化し、社会的・政治的に影響されうる。

以上のような作業のための定義は、資本主義を理念型として、つまり、それが歴史の現実と完全には一致しないことを承知の上で用いられるモデルとして資本主義の輪郭を描くものである。現実はむしろ、多様かつ変化する形と程度においてのみそれと一致する。であればこそ、この概念をはるか以前の諸時代、この概念が用いられておらず、それが意味するものがごく小さな端緒として、わずかな痕跡として、あるいは、非資本主義的諸関係の海に浮かぶ資本主義の小さな島々にしか存在しないような、そうした時代にも適用することが可能になるのである。理念型としてこの概念は、資本主義的な構造が弱まりつつあるような現実の解明にも利用しうるだろう。実際、そうした現実が将来現れるかもしれない。

以下の叙述で、資本主義が現れた国や地域をすべて万遍なく論じることはできない。むしろ以下では、資本主義を世界大の現象として捉え、時代を追って、その最も重要な諸段階、バリエーション、推進力、諸問題、諸結果をさまざまな国々・地域を例にとりつつ明らかにしていこうと思う。そのために、それぞれの段階・バリエーションにとって重要な主導的諸地域が選び出される。商人資本主義の初期の諸世紀については、中国、アラビア、そしてヨーロッパの一部に目を向ける。一五〇〇年頃から一八〇〇年頃までのブレークスルーの段階、マルクスおよびヴェーバーの意味での「近代資本主義」が成立したこの段階については、叙述の中心は西欧に移るが、ただし、近代資本主義のグローバルな相互連関が留意される。一九・二〇世紀については、工業資本主義、そして最後に金融資本主義の登場に目を向け、ヨーロッパ、北米、そして日本を主たる例として議論を進める。二〇世紀後半、そして二一世紀初めにおける資本主義のグローバル化の急速な進展を論じるには、視野は欧米を越え、とくに東アジアの経験に目を向ける必要がある。全体として、ヨーロッパ、そして北米における発展が最も多くの紙数を占めることになるが、こうした扱いは論じる対象に即したものと言いうる。グローバルなつながりなしではその発展はなく、あるいは異なる発展をたどったであろうとしても、資本主義は、その歴史の長い期間、西洋の現象であった。もっとも、私は地球の他の部分よりヨーロッパの歴史に通じており、そうした著者の選好が働いていることも確かである。ヨーロッパ以外の地域をより正確かつ包括的に組み入れることは、より詳細な別の叙述の目的としておくよりない。

第二章　商人資本主義

一　端緒

資本主義がいつ始まったかという問題について、研究書に示される答えはさまざまである。さまざまな見解があるのは、一つには、用いられる資本主義の概念が異なるからであり、また一つには、社会・経済の現実において明確な画期が現れることは稀だ、という事実にもよる。(1) 早い時期における端緒は、メソポタミアや地中海東部、そしてシルクロードやインド洋を貫く巨大な交易ルートを舞台とする遠隔地交易に見いだされる。それはおおむね、独立した商人たちによって担われていた。なるほどほとんどの場合、政治権力者と意を通じ、他の商人たちとしばしば密接に提携し、典型的

(1) Hartwell 1983, 14; Grassby 1999, 19; Fulcher 2004, 19 ff.; Pryor 2010, 8 ff.

には民族や出身地、宗教による共通のつながりを基礎として、境界を越えたネットワークを築いてはいたものの、彼らは自身の勘定で仕事をした。利益の追求、大胆さ、ダイナミズム、そして、際だった不確実性や競争とつきあう用意を彼らは備えていた。

商人資本主義が最初に集積した形で現れたのは、時をおきつつ出現した大帝国においてである。これらの帝国は戦役遂行のために巨額の金銭を必要とし、とくにそのために市場の発達を支援し、貨幣化を進め、経済的パフォーマンスの強化を図った。交通路の整備、鉱山経営（貴金属！）、最低限の秩序の保障がこうした変化を促した。市場の形成と国家の形成とはきわめて早くから結びついていた。[(2)] たとえば中国漢王朝（紀元前二〇六年～紀元後二二〇年）の官吏国家は、通貨の統一、市場関係の拡大、そして独立した商人たちによる活発な遠隔地交易の促進に力を尽くした。古代ローマ帝政期（紀元前一世紀～紀元後五世紀）には、大都市における経済の貨幣化と日常生活の商業化が高いレベルに達し、食糧や奢侈品の遠隔地交易が繁栄し、巨大なラティフンディア（大農場経営）が市場での利益獲得を目的とする生産を行い、土地の販売や賃貸のような経済取引が、契約に基づき、正確な計算に支えられつつなされた。自由な賃労働もある程度は存在した。しかし、全体としては自給経済が支配的であり、奴隷労働が広がり、「富を獲得しようとする強い意欲は、資本を生み出そうという志向には転化されなかった」（M・フィンリー）。利益より、確かなレンテ［非稼得性収入］への志向が広がっていた。生産性の上昇と経済全体の成長は狭い限界のうちにとどめられ、戦争と戦利品への関心が、市場での長期的な成功への関心より重要でありつづけた。古代ギリシャ・ローマの経済を資本主義的と呼ぶことがためらわれるのは、このためである(3)。

二　中国とアラビア

ヨーロッパ史の上では「中世」と一括して呼ばれる何世紀かの時期における資本主義ないしその端緒がいかなるものだったかを検討するために、この時代におけるそうした発展の主舞台であった三つの地域に目を向けることにしよう。中国、アラブ人が影響力を強めていったインド洋地域、そして西欧である。

中国では、漢王朝の下で成立した基本的な型が以後何世紀にもわたって続き、それが、国際的交易関係の拡大、西の世界、つまりとくにインドとアラブ世界との交易の拡大を促した。政治権力を握る官吏によって信奉された儒教は、明白な不平等、したがってまた自由にふるまう大きな富の拒否、農業の振興、貨幣・信用制度・交易の国による管理――それは、農場、物資集積所、作業場を国家管理の下で経営する用意にまでおよんだ――のような要素を含んでいた。インドから広がり、

（2）　Graeber 2011, 235-264. 紀元前第二千年紀・第一千年紀のバビロニアについて、Jursa 2014 を参照。
（3）　ヴェーバーは古代の「レンテ資本主義（Rentenkaplitalismus）」について語っている。Weber 2006, 300-735; Finley 1973, 144（引用箇所）. 古代における賃労働について、Lis/Soly 2012, pt. I; Temin 2012; Jongman 2014.

商業活動に対してより肯定的だった仏教は、まずとくに製造業者や商人によって信奉された。仏教寺院は信者から多額の寄進を得ただけでなく――国の役人から不信の目を向けられ、ときに弾圧を受けつつも――資本形成や信用供与の中心、農業や商業・製造業への利益を生む資金投入の中心として機能した。八世紀半ばの広州は、活気に満ちた繁栄する港湾都市・商人都市として描かれている。外国からの来訪者が、この国の生活水準の高さについて証言を遺している。

ただし、高い生活水準について真に語りうるのは、交易活動に積極的だった宋王朝（九六〇～一二七九年）治下の中国についてである。政府の支援、そして、新しく大規模なその艦隊に支えられて、商人たちはとくに東南アジア、インド、アラブ世界、東アフリカ、さらにはエジプトとの海洋交易を拡大した。国内でも、貨幣・市場関係が重要性を大きく増した。若干の地域、とくに東南部では一三世紀までに、伝統的な自給経済が、他地域への輸出向けに奢侈品、そして石材、陶磁器、金属製のさまざまな日用品を製造する経済へと発展した。そうした商品と交換に、食糧、とくに米が他の諸地方から輸入された。中国各地で製造業が広がった。その一部は、官吏や商人が経営し、継続的に賃労働者を雇用する作業場によるものだった。中国はとくに加工製品（陶器、紙、絹、工芸品、金属製品）を輸出したが、お茶や錫《すず》・鉛などの金属も輸出された。一方、輸入の対象は馬や香辛料、医薬品、宝石、その他の奢侈品であり、ただし綿織物も含まれていた。

経済活動の一部は中央国家の管理下におかれていた。国は道路や運河の建設を進め、塩、茶、香の取引にときに独占権を行使した。国は通貨を管理し、また商人銀行家によって九世紀以来営まれ、ただし、なおまったく初歩的なものにとどまっていた両替業のコントロールに努めた。この両替業から紙幣が流通するようになり、それが事実上の一種の通貨となっていた。しかしながら、経済の発展は基本的に、利益を志向する私的な商人層によって担われていた。国によって制限されていたとはいえ、彼らの投資はかなりの額にのぼり、商人層の社会的地位はこの時期に上昇した。歴史家は、一一・一二世紀における中国の「商業革命」について語ってきた。火薬、羅針盤、印刷機という画期的な技術革新も現れた。躍進は事実上、混合経済システムの下でなされたのである。

　こうしたことの多くは、侵略者たるモンゴル人によって中国が支配された時期（一二七九～一三六八年）、そして明朝の統治下（一三六八～一六四四年）でも継続した。しかし、宋代におけるような並外れたダイナミズムが、続く数世紀に持続することはなかった。鄭和を司令官とする大規模な船団による目を見張るような遠征――皇帝から託された外交上の使命を帯びて、アジアやアフリカの遠く離れた沿岸地域に到達した――の後、一四三〇年代に中国は内向きに転じ、海洋交易に背を向け、艦隊を崩壊に任せ、商人が国外に出ることを困難にした。従来から盛んに議論されてきた、長く影響をおよぼすことになるこの方向転換は、モンゴル人やその他ありうべき侵略者に対して帝国の北部を防衛するという、多大な力を要する課題と確かに関係している。それはまた、国内の勢力関係の変化の結果でもある。すなわち、国家権力と市場経済、ジュニア・パートナーとしての商人とシニア・パートナーとしての官吏との緊張に満ちた協調と反目のなかで、地主と儒教的官吏から成る保守的な党派が勝者となったのである。商業と資本蓄積に対する消えることのない不信が優位を占めた。政治的にコントロールされ、政治に埋め込まれた中国的な形態の商人資本主義は、強力な中央国家によるこのような政治的方向転換に対して抵抗するだけの力を備えていなかった。[4]

中世における商人資本主義の第二の中心地域は、ウマイヤ朝とアッバース朝の治下で七世紀末から一三世紀半ばまで存在したアラビアの大帝国である。それは西アジアと北アフリカ、そしてイベリア半島を覆い、イスラム教を世界宗教として確立した。七世紀初めにイスラム教が登場した際すでに、商人資本主義の諸要素に欠けてはいなかった。メッカとメディナは当時、隊商（キャラバン）の主要なルート上にある活気にあふれた商人都市だった。ムハンマド自身、都市・商人的環境の出である。イスラム教の急速な拡大は、アラブ人が支配し、イスラム教の影響下におかれ、まもなく帝国となる国家の建設とともに進行した。この拡大は、商人の力、市場の拡大する力によるよりも、むしろ政治の力、暴力、そして征服によるものだった。さらに、新たに生まれた伝道宗教の巨大な力、全世界に教えを広めようとするこの宗教の巨大な推進力、そして、きわめて有能な傭兵軍の力が加わった。この軍隊は、ローマ帝国ならびに中東の諸帝国の没落後、ただちに勝利を収め、諸民族を圧伏し、大がかりな略奪を行い、そして、打ち負かした敵を最大の給源とする奴隷の絶えざる流入によってその数を補った。数年のうちに（六三二年までに）アラビア半島が征服され、続く二〇年ほどの間に近東と中東、そしてエジプトとリビアが占領され、そして七世紀末から八世紀初めにかけてインド北西部、北アフリカ西部、イベリア半島が支配下におかれた。

この帝国形成を基礎として、アラブ人やペルシャ人の商人、船主、船乗り、隊商、あらゆる種類の仲介商人（agents）が、八世紀以来、ユーラシア大陸を貫く陸の通商路と大規模な海の通商路を支配し始め、同時に、アフリカや東南アジア、そして西ヨーロッパに向かう新たな通商関係を切り拓いた。最も重要なのは、地中海からアラビアの砂漠を横切り、あるいはペルシャ湾・インド洋を越えてインド、東南アジア、そして中国に向かう東西を結ぶ巨大な通商路である。絹や陶器、金銀やもろもろの金属、さらにリネン（亜麻織物）の布地や金属製品、銘木、香辛料や油、奴隷、家具や装飾品、その他多くの商品が、大きな諸港で積み替えられ、積み上げられ、買い取られ、売りさばかれた。そのために必要な諸施設はペルシャ人やアラブ人が握っていた。彼らはまたますます頻繁に、船の乗組員を揃え、隊商を率い、必要な情報を提供するようになっていった。イスラム教に規定された法が、商取引の契約を結び、金銭を借り、債務を回収するための良好な基盤を提供したことは明らかである。それはまた、いずれにせよリスクなしではすまない遠隔地交易がそれなしではすぐに廃れてしまうような、国境を越えて通用するルールを提供した。共通の言語、宗教、したがってまたある程度共通の文化を基礎にして、アラブ人商人の新しいネットワークが形成された。度重なる紛争、競争、そしてルール違反にもかかわらず、このネットワークの下では、危険を減じ、協調を促し、遠く離れた異質な土地をつないで市場関係を築くのに必要な信頼の力に頼ることができたのである。

（4） Mielants 2007, 47-57; Ptak 1992; Lu 1992; Li 2004.

一方、遠隔地交易の発展は国内にも影響をおよぼした。通商路に沿って繁栄の拠点が現れた。この広大な空間の至るところでなお自給経済が支配的であり、また、生み出された価値の吸い上げも、市場を通じてではなく政治的手段を通じてなされていたことは確かである。しかし、発展する市場関係のなかに多くの地区や地域が組み込まれることにより、農業や製造業の産物の分化が進んでいった。たとえばペルシャ北東部のある地域は、七世紀から一一世紀の間にダマスク織や繻子《しゅす》に特化し、他の地域は毛皮や皮革の加工に特化していった。石鹼や香水の製造に集中するところがあれば、武器や金物の食器、工具に集中するところもあった。手工業的に仕事をし、しかし市場での製品の販売を通じて需給および価格の変動に巻き込まれた手工業・家内工業の作業場では、賃労働者も雇われていた。果物やサトウキビ、香辛料、そして干し魚などが、それぞれの生産に特化した農民により地区外の市場に持ち込まれた。地主、小作人、奴隷ないし労働者の関係も、変化する市場関係の影響下でかたちづくられた。商人が生産の組織に関わることは通常はなかったとはいえ、こうしたことのすべてに大小の商人層の助けが必要とされた(5)。

商人の資本は、一部は、先行する征服や略奪から得られた巨大な富に由来した。資本主義の揺籃期に稀にではなく見られる暴力的な「原始的蓄積」の一例である。親族関係が、地主エリート層のもつ資源に近づく道を開いたかもしれない。共同出資もしばしば見られ、大きな事業のための資金の獲得やリスク分散のために用いられた。ただし、ほとんどの場合、たとえば商品の買い入れと販売のための大がかりな航海のような事業が終わるまでの短期間（たとえば一年か二年）に限られていた。後にヨーロッパでは「コンメンダ（Commenda）」［事業の委託者から委託された資本を用いて受託者が取引を行い、利潤を両者間で分配する双務的な企業契約］と呼ばれるようになる出資の諸形態を含め、こうした事業のための法的諸前提が整えられていた。必要な資本は、一部は従前の交易を通じて得られた利益の再投資という形でも得られた。最後に、信用（credit）による資金調達も行われた。

　イスラム教に規定されたこれらの社会で、カネを貸して利益を得ること、これによって自身の資本を「実り豊かに」し、仕事をさせることは可能であると考えられ、実際しばしばそうしたことがなされた。コーランに――そして旧約聖書やタルムードでも同様に――確固として存在する利子取得の禁止は、次のようにして回避された。すなわち一つには、利子取得の禁止は「よそ者」には適用されなかった。初期のイスラム世界においてユダヤ人やキリスト教徒が――後のキリスト教的西洋におけるユダヤ人やアラブ人同様――金銭・信用取引の担い手となる運命にあったのはこのためである。他方、九世紀初め以降になるとすでに、利子禁止を回避するためのトリックを公然と説明する特別の指南書が現れた。アラビアでは、先進的な信用取引の諸手段が開発され、小切手や為替が、次の一千年紀に移る前からすでに利用されていた。なお適切な取引がなされていたとは言えないまでも、小切手は遠隔の地でも換金が可能だった。ヨーロッパでこうした手法が用いられるのは、ようやく一二・一三世紀以降のことである(6)。

（5） Chaudhuri 2005, 34–51, 203–220; Spuler 1952, 400–411; Rodinson 2007, 63–65, 82–85; Bernstein 2008, 66–76.

イスラム教は、商業に対して初めから肯定的だった。イスラム教の思想家のほとんど誰一人として、利益の追求を不道徳であるとか信仰にとって有害であるとか言って退けた者はいなかったように思われる。初期のキリスト教に典型的な富の批判も見られない。一一・一二世紀の有力なイスラム学者たち、たとえばペルシャ人のガザリやアル・トゥシは、市場を競争と闘争の場としてではなく――一八世紀のアダム・スミスと少しばかり似た形で――むしろ協調の場、分業と交換を通じて相互扶助を拡大する場と見ていた。価格形成への国の介入は、自らも商人として働いた預言者ムハンマドの例を引き合いに出しつつ、その正当性を否定された。飾ることなくまた批判の色もなく、一四世紀のアラブ人歴史家イブン・ハルドゥーンは、商業のなすべきは、「奴隷であろうが穀物であろうが、あるいは動物、武器、衣服であろうが、安く買って高く売り」、これによって利益をあげ資本を蓄積することだ、と論じた。知識人、学者、助言者等の手になる一一世紀の諸種の書物には、さまざまなタイプの商人が備えるべき資質としてつぎのようなものがあげられている。すなわち、将来の価格変動を予測する能力、他の諸国における為替レートと財の価格比についての知識、良好な販売条件を見いだし予測するために必要な、信頼できる仲買人や卸売業者とのつながり、などである。商人は社会的に認められた存在であり、たとえば船乗りシンドバッドのように、民間の語り部の描く空想上の英雄とさえなるだけのものをもっていた。九・一〇世紀にはアラビアの若干の地域で、商人資本家的ブルジョアジーの端緒が、当時の世界のどこよりも明確に姿を現していた。しかし、商人資本家は、貴族の大地主や軍隊の指導者のような伝統的エリートが行使する政治権力に与えることはなかった。この地で散発的かつ端緒的に現れたブルジョアジーは、支配階級にはならなかった。アラブの商人は、中国、そしてヨーロッパの商人と比べ、国家からより遠ざけられていたのである。(7)

三　ヨーロッパ――ダイナミックな遅参者

グローバル史の比較のなかでは、中世ヨーロッパにおける商業資本主義の発展は比較的遅く、またその後の展開もアジアとは異なっていた。五世紀における西ローマ帝国の政治的崩壊、民族の大移動期における不安定な状況のなかで経済活動は分断され、古代に現れた資本主義的なものはこれとともにすべて崩れ去った。国家形成と市場形成との密接な関連の、ただし今回はネガティブな意味での一例である。ローマ帝国に支配され、あるいはその影響下にあったヨーロッパの諸地域（東ローマ帝国の一部となり続けた地中海東部は除く）では、市場経済は後退し、貨幣経済の衰退、農業中心の経済への逆戻りが見られた。かつてはバルト海から中国にまでおよんだ交易関係は断ち切られ、

（6）Udovitsch 1970; Heck 2006, 41–157; Chaudhuri 2005, 211–215; Shatzmiller 2011.
（7）Udovitsch 1988; Rodinson 2007, 57–90（イブン・ハルドゥーンについて、60 ff. ブルジョアジーの問題について、88 ff.); Graeber 2011, 271–282.

都市および通商の中心地は衰微し、街道は荒廃した。全体として、家内経済と自給自足とが支配的になった。なるほど、たとえば修道院がしばしば自身で消費する以上の生産を行い、余剰を販売して利益を上げ、資金を蓄積し、融資を行う――利子はとらなかったが、ただし利益の出る担保はとっていた――というようなことはあったが、それはやはり例外である。沿岸部の海洋交易が完全に廃れることはなく、また、ローマの伝統が地中海沿いに生き延び続けたとはいえ、交易はローカルなレベルにほぼ限定されたものとなった。

中世ヨーロッパでも、資本主義的な活動はとくに遠隔地交易で広まった。一一～一五世紀の間に、それまではむしろ散発的でしかなかったヨーロッパとアジアとの交易が密度と定期性を増し、北イタリアや南フランス、カタロニアの沿岸部諸都市から、エジプト、パレスチナ、シリア、ビザンチン、そしてそこからさらに東へと広がっていった(8)。一面では略奪行でもあった一二世紀の十字軍は、一方では東西の交易を攪乱しつつ、他方ではそれを強く活気づけた。長い間この交易を担ったのは、ヴェネツィア、ジェノヴァ、やや遅れてフィレンツェと、さらにピサ、リヴォルノの船主、商人、船長たちであり、まもなくこれらの地からジブラルタル海峡を抜けてフランス、フランドル、そしてイギリスに向け、船が出港していった。もう一つの重要な通商路は北の諸海を渡るもので、ロシア、ポーランド、スカンディナビアをフランドル、ブラバント、イギリスとつないだ。陸の通商路も発達し、頻繁に用いられ、整備されていった。たとえば、イタリアからアルプスを越えて南ドイツへ、そこからさらに北に向かう道は、バーゼルからオランダへとライン川沿いに続き、そこで海を越えてイギリスに渡る海路につながる。加えて、一二世紀半ば以来の定期市（最初はフランスのシャンパーニュ地方）の訪問を通じて、これらの交易地域のあいだに結びつきが生まれた。

このような遠隔地交易を行う商人たちは、資本主義の諸原則に従っただけではない。遠く離れた土地への長旅につきものの大きなリスクを減じようとして、むしろ彼らは協同組合的な方策を発展させた。陸路の旅では隊商（キャラバン）が組まれた。海路でも、五〇〜一〇〇隻におよぶこともまれではない船隊を組み、盗賊や海賊（時には競争相手のこともある）による襲撃から身を守るために徹底的に武装した。よそ者に対する不信の広がりと国家の弱体という時代の様相のなかで、出身地や民族を同じくする遍歴商人たちは、しばしば目的地でも密接につながりを保ち、たいていは一時的な滞在ではあったが、商館や集会所、在外支店、あるいは都市内の特別な地区で現地の人々と別個に暮らし、独自の自治・裁判権を有することもしばしばあった。こうしたことは、商人たちがそれぞれの土地の当局から、反対給付と引き替えに得る特権に依拠したものだった。通常は、絶えず移動する人々の一時的な結びつきだったが、そうした結びつきが長期的な結合にまで発展することもあった。その最もよく知られた例はハンザ同盟である[9]。

「ドイツ・ハンザ」は、初めは特定の（ほとんどが北ドイツ）諸都市の出身であるという共通のバ

（8） 以下について、Kulischer 1965, I: 229–278; Howell 2010; Persson 2014 を参照。

（9） Ogilvie 2011. 以下についてさらに、North 2011, 65–102; Stark 1993 を参照。

ックグラウンドをもつ遍歴商人たちの結合体であり、同時に、時には五〇以上を数えたこともある諸都市の、構造としては緩やかでありつつも強力な同盟である。このドイツ・ハンザが、一三～一六世紀の間、北海およびバルト海圏の海運業、交易、そして政治を規定した。香辛料や琥珀《こはく》のような奢侈品だけでなく、羊毛、布地、毛皮と皮革、魚、塩と穀物、木材・金属製品のような、広範囲の購買者向けの日用品も取引された。リューベック、ハンブルク、シュテティン、ダンツィヒ、ブレーメン、ヴィスマール、ロストックのような港湾都市が盟主だったが、ケルン、マクデブルク、ブラウンシュヴァイクのような内陸都市も同盟に加わっていた。同盟はそれ以外に、ノヴゴロド、ベルゲン、ロンドン、ブリュージュなど、さまざまな場所に拠点（いわゆる「商館（Kontore）」）をもっていた。

ハンザの商人たちは、好んでペアを組んで数年間続く小規模な商事会社を設立し、しばしば高額におよんだ利益を分かち合った。出資額に応じて支払われた毎年の利回りは、一四・一五世紀に一五～二〇％に達したと言われる。海洋交易の高いリスクを分散するという理由だけからでも、ほとんどの商人は複数の商事会社に所属した。別々の土地で仕事をする親類縁者が、しばしば手を結んだ。簿記の方法は簡単なものだった。商人は、自身の銀行家・両替商としての機能を併せもっていた。信用での売り買いは通例であり、商業手形（約束手形や為替手形）を用いた現金なしの金銭取引が利用されていた。信頼性は商人の成功にとって本質的であり、それぞれが自身の取引状況を秘密にして他に明かさないでいたにもかかわらず、彼らは互いに観察し合い、それによって間接的にコントロールしあった。このような形態の商人資本主義は協同組合的な姿をとり、経済と政治の密接な結びつきのなかに組み込まれていた。たとえば商館のような、商人のための業務を共同で引き受ける施設があっただけではない。重要な戦略的決定は、個々の商人がその都度自身で行うだけでなく、関係する諸都市の（商人が支配することが稀でない）参事会や政府において、そして不定期に開かれるハンザ総会においてなされた。長期間におよぶハンザの成功は、市場でのチャンスをつかみ取る個々の商人企業家の力によるのと同様、特権を探り求め、また特権を与え、戦火を交えた戦いをも辞さない諸都市の団結した政策を基礎においていた。

全体としてより強度のダイナミズムとより高い将来性をそなえた資本主義のタイプが、一二～一五世紀に北イタリアの諸都市（とくにヴェネツィア、ピサ、ジェノヴァ、フィレンツェ）および南ドイツの諸都市（とくにニュルンベルクとアウクスブルク）で発展した。ここでも重点は遠隔地交易にあった。この種の交易には、大きな距離を乗り越え、可能であれば硬貨のずっしりつまった袋を運ばずに済む方法が必要だった。事業――たとえば数ヶ月、あるいは一年か二年続き、何ヶ所かの中継地を経由し、そのたびに新しい別の商品に船荷を積み換えるような、はるか遠方への船旅――はより大規模になり、より多くの資金が必要になった。前払いや掛売りによる取引がヴェネツィアではすでに一二世紀には普通に行われ、きわめて高い金利（若干のケースでは一二世紀半ばに二〇～四〇%）を付した取引も一部なされていた。リスク軽減の必要はきわめて大きかった。数人の商人と、事業それ自体には関与しない資金提供者が、期限つきの会社を共同で設立した。ほとんどすべての商人がさまざまな分野で同時に事業を行い、さまざまな商品を扱い、さまざまな機能を提供した。どれかに特化しようとする余地もインセンティブもなかった。一人の商人がしばしば数隻の船を用いて仕事をし、その一方で、複数の資金提供者が共同で一隻の船を運用する場合もあった。資金を増すために利益が追求された。必要な資金の大半は交易自体から得られたが、しかし巨額の資金が政治の力で、場合によっては暴力を用いて、あるいは農業で得た資産から流入した。大きな、否、巨大な富が蓄積された。

最初は（一二世紀）一人の商人の一生の枠内で、後には家族の次の世代に引き継がれ、さらに後には何世代にもおよぶ会社を作ろうという目的をもって、富の蓄積が進められた。一一五〇～一二〇〇年頃、卑賤の出から身を立て、ヴェネツィアの船主・商人・金融業者としてめったにないほどの成功を収めたロマーノ・マイラーノは、生涯の最後に遺した財産をサン・ザッカリア修道院に寄進した（そこには、彼が遺した書類が何世紀もの時を超えて保管されている）。フィレンツェのメディチ家の財産は時によって極端に上下に変動したが、世代を超えて引き継がれた。アウクスブルクのフッガー家は、明確に親族とつながり世代を超えて存続する「家」を築こうと努め、それに成功した。法人格を備えた「企業」、所有者や経営者の家政と区別され、所有者をさまざまに変えることもしばしばあるような「企業」の形成は、中世の商人資本主義が一三世紀以降、とくに一四・一五世紀に示したさらなる発展であり、中国やアラビアのそれ以前の商人資本主義には明らかに欠如していた。このような企業の形成の意義は、どれほど評価しても足りないほどである。繊維商からスタートし、ヨーロッパ全体にまで取引を拡げた「大ラーフェンスブルク商会（Große Ravensburger Gesellschaft）」は一〇〇以上の家族によって担われ、一五〇年間（一三八〇〜一五三〇年）存続した。

中世盛期および後期におけるこのような商業資本主義の発展は、新たな方法の考案、新たな法形態の用意なしでは不可能だったろう。借方・貸方を正確かつ随時チェック可能なように併記する複式簿記は、北イタリアの商業都市では遅くとも一四世紀には用いられ、長きにわたり「ヴェネツィア風（alla Veneziana）」の方法と呼ばれていた。もっとも、複式簿記という管理の道具が広く行き渡るのは一九世紀になってからである。全体として見れば、資本主義の成立にとってのこの技術の重要性は、ヴェーバーやゾンバルトが考えたよりはるかに小さかった。取引の実践のなかで、現金抜きの融資、手形取引、先物取引の新たな方法が生み出され、まもなくそのルールも整えられた。これにより、商人資本主義のビジネスが展開しうる空間的・時間的規模が決定的に拡大した。その際、東洋から取り入れられた（一二〇〇年頃）アラビア・インド数字——ゼロを含む——が筆記による計算を容易にしただけでなく、競争相手でありパートナーでもあったアラブ人の取引法・計算法がいくつも模倣された。共同出資や共同経営、資本提携のためのさまざまな法形態も開発され、有限責任による資本参加も端緒的ながら登場した（持ち分の売買が可能になるところまではいかなかったが）。形式的合理性を備え、契約に親和的なローマ法の伝統の再生は、決定的とは言えないまでも、こうしたことに役だった。[10]

アラビアと異なり、そしておそらく中国とも異なり、南欧と西欧の商人資本主義は際だったダイナミズムを示した。それは商業を超えて、一つには独自の諸制度と政治権力への特別の近接を伴う金融資本主義の方向へと拡大し、そして一つには、生産の世界に入り込む端緒を切り拓いた。

銀行業務――支払い手続きを簡単にし、それ自体として利益のチャンスをもたらした両替、資金の貸借、為替・振替業務、そしてまた一四世紀に始まる約束手形を用いた取引――は、初めから投機の要素を含んでおり、そうした業務が発生するごとに商人によって処理されていた。中世後期にそれが急速に規模と複雑さと重要性を増したとき、多数存在したユダヤ人やロンバルディア人の質商が引き受けたのは、その比較的小部分のみだった。彼らはとくに消費者金融を行い、庶民の窮状につけこんでしばしば法外な利子をとり、高利貸しと非難された。銀行業務の大半を担ったのは、むしろ経験豊かで野心を持った商人たちであり、商品取引から完全には手を引かなかったとはいえ、彼らはしだいにこの業務に特化していった。

銀行は、ジェノヴァでは一二世紀、ヴェネツィアでは一三世紀、そしてトスカーナでは一四世紀初めに現れた。フィレンツェの銀行は一三五〇年頃にはすでに八〇を数え、中世の終わりに至るまでヨーロッパの斯業《しぎょう》を主導しつづけた。それらはほとんどが親族を基礎とする商事会社として組織されており、資金を提供し、経営に参加し、利益の分与を受ける複数のパートナーによって担われていた。フィレンツェで三番目に大きな銀行であるアッチャイウォーリ銀行は、一三四一年にさまざまな国に一六の支店を持ち、一一人のパートナー、三二人の支配人、そして多数の職員を擁していた。バルディ家、ペルッツィ家、そして一五世紀にはストロッツィ家やメディチ家も、このような国を超えた大企業の域に達していた。それらは前述の両替や為替・振替業務によって財を成しただけでなく、自身の資金や預託された資金、自身の収益を用いて商業・製造業の企業に出資ないし融資した。自身で経営に乗り出すこともあった。さらにそれらは、都市の政府や領主層、そしてまもなく聖俗の最高権力者——定期的な税収をなお持たなかったため常に資金不足の状態にあり、戦役の遂行や身分にふさわしい生活の維持、所領の拡大に困難を覚えていた——にも融資を行った。国家形成と金融資本主義の端緒は密接につながっていた。このようにして、財界の有力者に数えられる少数の富裕な都市市民が政治への影響力を築き、同時に彼らの企業の存立は、強力な支配者とその運命の浮沈に左右されることになったのである(11)。

　中世の終わりに至るまで、資本主義は商業と金融の一部にほぼ限られた現象だった。しかし、すでに早い時期から商人資本は、限定的にではあるが、流通の領域の外に広がっていった。一つは、巨額の資金を必要とし、賃労働を基礎とし、一部はきわめて巨大な経営として営まれた鉱業であり、いま一つは家内工業である。商人たちはあちこちで、生産者に原材料を前貸しし、注文を出し、ときには道具を提供することによって、彼らが売ろうと考えている商品の生産に影響力を行使し始め

(10) Heynen 1905, 86–120（ロマーノ・マイラーノについて）; de Roover 1963（メディチ家について）; Ehrenberg 1896（フッガー家について）。全体について、Ashtor 1972; Carruthers/Espeland 1991.
(11) Van der Wee/Kurgan-van Hentenryk 2000, 71–112.

た。遅くとも一三世紀以降における北イタリア（ここでもまた、とくにフィレンツェ）およびオランダ（フランドル、ブラバント）の毛織物業の歴史は、その好個の事例である。結果として、生産者間の分業に変化が生じた。市場への依存が増し、その変動に左右される程度が目に見えて高まった。生産者は形式的には独立を保っていたが、しかし事実上は出来高賃金を、しかも時には、働いて返さねばならない前払いの形で受け取っており、従って彼らの地位は賃労働者のそれに近づいた。そこでは商人は「問屋《といや》（Verleger/factor）」になり、手工業者は副業ないし主業の家内工業従事者になったのである。作業場での労働や時間給も現れ、そこでは資本と直接生産者、大商人と手工業者、企業家と労働者のあいだの緊張が大きく高まった。この緊張が（それだけではないが）、商業・製造業の集積した地域で一四世紀に頻発した暴動や蜂起の原因となった。一三七八年にフィレンツェで起きた「チオンピの乱」はその一例であり、それは武力により、そして都市当局の助けを借りて鎮圧された。他の業種、たとえばニュルンベルクの金属加工業、コンスタンツのリネン（亜麻織物）業、南イタリアの造船業にも存在した家内工業の端緒が、つねに公然たる対立につながったわけではない。しかし、資本主義が流通の領域を超えて生産の領域に広がり、労働のありようを直接変え始めるや、資本主義の社会的起爆力が高まったことは早い時期から明らかだった(12)。

中世ヨーロッパにおける資本主義は、それが広がった限り、商人によって担われていた。商人といってもそのなかみはさまざまであり、富裕で名声もあり、長くその地に住んで都市の統治にも関与する都市貴族の一門から、高利貸しと誹《そし》られ、社会の周辺で不安定な生活を送るユダヤ人やロンバルディア人の両替商まで、揺るぎない地位を得た有力な都市ギルドのメンバーから、一時仕事の商人や新参の成金まで、そして、最高位の権力者と懇意にする富裕な商人銀行家から、プロレタリア化した環境で暮らす生産者・納品者を厳しい旅の中で定期的に訪れ、情報を伝えるメッセンジャーとして働く仲介人まで、いろいろある。しかし、利益志向、金銭を扱う経験、そして市場で競争する能力は、彼らすべてに共通していた。たとえ彼らが独占の利益を理解し、また特権、すなわち政治権力者の寵《ちょう》、市場の予測しがたい変動から身を守る楯を得ようと努めていたとしても、このことに変わりはない。

卸売りや遠隔地交易に従事する商人のほとんどは読み書き計算ができ、したがって当時の教養人に属していた。遠隔地交易での経験に由来する地域の外に向かう志向は、彼らの多くに一定のコスモポリタン性を与えた。本来的に不確実で、しかし融通の利く彼らのビジネスの性質が、企業心に富み、野心的で、成功をひたすら求める大胆な人間を引きつけ、そうした人間が他に比してとくに多くここに見られることになった。また、これらの商人が——需要が限られ、一般に販路が小さかったことによるとしても——特定分野に特化しなかったことも、われわれの目を引く事実である。彼らは多様な商品を扱い、諸種のビジネスを同時にこなした。彼らは市場に出ている物、出たばかりの物に注意を払い、チャンスを探し求めた。壁で囲まれた都市という相対的に防護された空間、

（12） Kulischer 1965, I: 215–221; Blickle 1988, 7–12, 51–58; Arrighi 2007, 103–105; van Bavel 2010, 54–57 を参照。

慣れ親しんだ共同体の空間を離れるや否や直面する、「国家機能（Staatlichkeit/stateness）」がほとんど未発達な世界では通例と言ってよい危険に怖じ気づくこともほとんどなかった。失敗は頻繁だった。長い期間成功してきた大企業も破綻した。有力な一族が富と権力を失って没落するというストーリーには事欠かない。専門化した、目の届く範囲のルーティンに居心地よく落ち着くというようなことは、これらの商人や銀行家には縁遠かった。商売を成功させるための戦いのなかで、彼らは油断なく注意深く、さらにまた疑い深く、ときに良心のかけらも示さなかった。彼らは、自身で成し遂げたことを誇りとした。彼らは自己の利益を断固貫こうとした。そこには、ある程度の秘密主義の傾向も含まれる。初期の市民的公共圏のマタドール［主役の闘牛士］として彼らが行動することはなかった。貯め込むためにではなく、それを働かせて何倍にもするために彼らはカネを求めた。こうしたことすべてが、資本主義の諸原理に合致していた。

しかし、後の時代の完全に発達した資本主義と異なり、商業における固定資本は当然ながら限られていたし、資本蓄積は急速でも無限定でもなかった。時にはきわめて高い利潤率をあげながらもそうなったのは、とりわけ、利潤の一部のみが企業の拡大に投じられていたことによる。それに、そもそも企業はほとんどの場合、数年の期限つきで計画されており、創業者の死後もそれが続くとは考えられていなかった。利益の大半はしばしば消費に向かい、とりわけ奢侈品の購入や、不動産の取得にも使われた。長期に継続することのない商業活動に投じられた資本の一時的性格とは対照的に、土地は当時、次の世代の家族にも相続可能な永続的な基礎だった。こうしたことは、良き市民の生き方についての当時の通念と合致していた。すなわち、成功を重ね齢《よわい》を重ねた後は商業活動の興奮から手を引き、居心地のよい田舎の家を手に入れ、レンテ取得者として穏やかな暮らしを送る。とくに大きく成功した一部の大商人の場合は、社会的に高く評価される貴族の称号や、領地や城の取得が加わった。言い換えれば、中世の社会的・文化的諸条件の下ではなお長い間、資本の蓄積と企業の成長は、後の時代におけるように支配的目的となることがなかった。利益とビジネスの成功は、よい生活という目的を実現するための手段にとどまっていたのである。

このような穏健な形の資本主義の実践でさえ、社会に深く根を下ろした道徳観から距離をおいてしか広まりえなかったことを、はっきり頭においておかないといけない。キリスト教会の教えは、金貸し、利子をとっての融資を「高利貸し」として、「申命記」(二三：一九－二〇)に言われるように、少なくとも「同胞」に対しては禁じていた。キリスト教徒からキリスト教徒への利子を伴う貸し付けは、その限りで禁じられた。ユダヤ人に金貸しが多かったのは、主としてこのためである。もともと農村的・手工業的環境のなかで生まれ、同胞愛の形での連帯を尊重するキリスト教の教えは疑いもなく、人々の間に広がっていた反資本主義的な姿勢を反映している。このような姿勢は、利益を人生の目標とすることの拒否と、商人として生計を立てることに対する疑念につながった。なるほど、時とともにこのような姿勢は弱まり、あるいは、発展を続ける経済の現実と矛盾せぬような解釈が施されていった。さらに、利子の禁止を回避し、もうけの多い信用業務をキリスト教徒にも可能にする多くの方策が存在した。教会による道徳の教えは、交換・利益・繁栄が商人の担うリスクと労苦の正当な補償であり、社会全体にとっても有益だと解釈する別の議論をも展開した。にもかかわらず、キリスト教の影響下にある中世ヨーロッパで、広範な不信、道徳的拒絶、そして知的批判という障害に抗してのみ資本主義が広がりえたということは、注目すべき現象である。商人たちは、宗教に反しない生活態度や象徴的行為（外壁に掛けられた十字架や、店開きに際しての神父介在の儀式など）、多額の寄付や慈善、さらにしばしば「最後の贖罪《しょくざい》」として、高齢になってから修道院や教会に巨額の資産を譲渡することなどにより、こうした障害にある程度折り合いをつけた。地獄の苦しみへの不安もまた、中世の多くの商人――彼らがいかに世俗的だったにせよ、そのほとんどは熱心なクリスチャンだった――の精神的姿勢を規定しただろう。しかし、商人資本主義のダイナミズムがキリスト教に規定された社会的道徳によって損なわれることはほとんどなかった。それは、後の何世紀もの間、絶えることなく存在した資本主義に対するイデオロギー的批判が、資本主義が実際に広がっていくことをほとんど妨げることがなかったのと同様である。[13]

四　一五〇〇年頃の時代についての中間的総括

西暦五〇〇年から一五〇〇年までの一千年、商人資本主義はヨーロッパに固有のものではなく、グローバルな現象だった。先述の中国、アラビア、ヨーロッパのケースに限らず、それは世界の他の地域、たとえばインドや東南アジアにも存在した。[14] 明らかにそれは、きわめて多様な社会的・文化的・宗教的諸条件の下で発展した。グローバル史の比較のなかでは、資本主義的行動パターン・諸制度の形成に関して、ヨーロッパは長い間後塵を拝し続けた遅参者だった。このことは、長い間支配的で、西洋における資本主義の歴史についての通常の理解を今日まで規定しているヨーロッパ中心的ないし西洋中心的な見方と対立する。資本主義が始まる時点を一二世紀に求めるのは誤りである。その頃には、アラビアや中国で、それはとうに存在していたのだから。

これまでに論じた世界の諸地域、つまり中国、アラビア、ヨーロッパにおける資本主義は、それぞればらばらに存在していたわけではない。西洋では中世盛期と呼ばれる時代においてさえ、それらはすでに互いにその存在を知り、影響を及ぼしあっていた。これらの資本主義の歴史に関して言えば、ヨーロッパは他からより多くを学び受け取っていたのであり、逆ではない。しかしこうした結びつきは、一二〇〇年ないし一三〇〇年頃の時期にすでに「世界システム」が存在したと言いうるほどには密でなかった。(15)

(13) Le Goff 1956, 1986, and 2010; Muller 2003, 3-12; Kulischer 1965, I: 262-274, とくに271-274 の諸例。

(14) 一六〇〇年以前のインドについて、Parthasarathi 2008; Roy 2014; Subrahmanyam, 1994. 東南アジアについて、Hall, 1984. 東アフリカ商人の経済について、Middleton 2009; Mielants 2007, 86-124; Bernstein 2008, 103 ff.

(15) Abu-Lughod 1989 を参照。彼女の叙述は、世界の異なる部分のあいだの結びつきを強調しすぎている。Dunn 2012 も参照。

ヨーロッパにおける資本主義の発展が中国やアラビアに遅れをとっていたにもかかわらず、やがてそれは、よりダイナミックなものとして姿を現す。このことは、当初とくに遠隔地交易を捉えた資本主義が、ここではより明確に他の諸領域に広がっていったことに、とりわけ明確に示されている。すなわち、政治権力者に対する融資を含む生成途上の金融制度への拡大、そしてまた、とくに家内工業の形をとった生産の領域への拡大である。ヨーロッパでより明確に現れたこのダイナミズムの原因の詳細な解明は、ここではできない。宗教史的な説明は除外してよい。というのも、アラビアにおける七世紀以降のイスラム教、一〇世紀以降の中国における東アジアの諸宗教と比べ、キリスト教の道徳上の教えは中世ヨーロッパにおける資本主義の端緒にとって、より決定的に妨げとなったのだから。ヨーロッパによる非ヨーロッパ世界の諸資源の搾取も、一五〇〇年以前の時代については説明要因とはなりえない。さまざまな要因が働いたことは疑いない。しかし、少なくとも中国とヨーロッパを比較した場合、決定的だったのは経済と国家の関係、市場のプロセスと政治権力との関係であり、それは、世界の他の諸地域へのヨーロッパの拡大より以前の早い段階で、すでにそうだったのである。

中国でもヨーロッパでも、それ以外のどこでも、商人資本主義が政治権力の担い手から明確に距離をおいて発展したことはなかった。経済と国家の明確な分化は、当時の諸世紀において、どこにも現れなかった。中国でもヨーロッパでも（ある程度はアラビアでも）、商人たちの経済力と政府当局の政治権力とはきわめて密接に絡みあっていた。国家形成と市場の形成とは、どこにおいても混《こん》淆《こう》していた。しかし、ヨーロッパの政治システムが多様で、とりわけ分断状態にあったのに対し、中国には中央集権的な帝国が存在した。都市国家、侯国、領邦国家等の間の苛烈な、しばしば戦火を交えた競争はヨーロッパの情勢の中心的要素を成したが、中国ではそうではなかった。同時に、ヨーロッパの諸都市は、中国の都市にはない大幅な市民的・政治的自律性を有していた。ヨーロッパのこうした情勢から、政治的支配者たちが互いに競いあってそれぞれの支配領域の経済力を強化する、という結果がおのずと生じた。一方、そうした動機が中国の官吏政府を動かすことはより少なく、一五世紀にはさらに弱まった。ヨーロッパで資本主義を支えた商人たち、少なくともその最上層は――都市国家や市民統治の自由都市における支配者との共生を通じて、あるいは資金援助を求める政治権力者との密接なつながりを通じて、そして正式の自己組織（ギルド）を通じて――政治に直接影響をおよぼした。これとは対照的に中国の商人は、そしてアラビアやインドの商人たちも、権力の前庭に留まったままでおり、国家形成のための資金供与に関わることがヨーロッパよりはるかに少なかった。こうして、多くの逆の諸傾向にもかかわらず、ヨーロッパでは最終的に、商人のダイナミズムと資本主義的蓄積を、政治が決定的に強めることになったのであり、これに対して、中国の政治は商人のダイナミズム、そして大規模な資本蓄積の成立を当初はある程度許し、支援したものの、しかしその後、そのいずれにも不信の目を向け、それらを制限し、そして内政・外政の諸条件が変化したとき、最終的にそれにブレーキをかける十分な力を有していた。(16)

以上、ここまで基本的には商業、とくに遠隔地交易における資本主義の生成を描いてきた。そこではとくに大商人および彼らの事業が決定的役割を演じている。資本主義が始まる時点をピンポイントで示すことは不可能だが、中国では一〇世紀から一四世紀、アラビアでは七世紀から一一世紀、そしてヨーロッパでは一二世紀から一五世紀の間を、資本主義の急速な拡大の時期と見ることができる。マルクス主義の伝統の下で、資本主義の諸原理が生産を支配し、そこでなされる労働の組織を規定する場合にのみ資本主義について語りうると考える者は、これまでに論じた諸現象を前資本主義的と規定する傾向があるが[17]、私はこのような見方には与《くみ》しない。商人層がもった市場との密接な関係、強い利益志向、商業行為・商業諸機関の相対的独立性、信用を用い利益を志向する投資・蓄積の重要性、企業の形成（少なくともヨーロッパで）、そして最後に、遠隔地交易を超え、端緒的には生産の領域にもおよぶ（少なくともヨーロッパで）資本主義的発展のダイナミックな拡大。こうしたことすべては、本書のはじめに示した定義の意味で、これらの現象を資本主義的と規定することを正当化するし、また、われわれはそうせざるをえない。因果関係も存在する。つまり、当時の数世紀における商人資本主義（あるいは商業資本主義）は、後の時代の、生産の領域を組み入れた資本主義の諸形態において効果を発揮するような資本、手法、諸種のつながりをもたらしたのである。

しかし、多くの点でそれが資本主義の端緒にすぎず、本書の初めに示した定義の完全な意味での資本主義でないことは明らかである。一般的に言って、農業、商業、製造業のいずれにおいても生産の資本主義的組織化は徹底しておらず、このことは明確な限界として確認さるべきである。重要なアクターが投資ならびに資本の蓄積に対して及び腰だったというしばしば確認される事実も――

それが何に由来するかを理解することが、今日の諸問題に照らしてどれほど興味深く、また意味があるとしても――さらなる限界を示している。この限界は、資本主義が結局のところ、それ自身が定めるのではない目的のために社会に組み込まれ、政治的に規制されていることを示している。最後にもう一つ、ここまでの説明では十分明らかにしえていないが、幾重にも強調してしかるべきことがある。すなわち、以上に描いた資本主義の顕現はマイノリティ現象であり、全体として見れば、経済と社会は非資本主義的な諸原理にしたがって機能していた、という事実である。中世社会で全体として支配的だったのは自給・家内経済であり、市場とのつながりのない相互行為、従属と支配の非経済的諸形態、政治的に規定された身分的不平等、非資本主義的な諸文化、そしてヨーロッパでは封建制だった。この章で論じられたのは、圧倒的に非資本主義的な環境のなかに浮かぶ資本主義的発展の島々である。中国の場合のように、それらが再び崩れ落ちることもありえた。資本主義の発展を前提とする目的論的な考え方は適切でない。しかし、全体としてこれらの島々は成長し、そこから生じる諸作用が広がっていったのである。

(16) 以前からあるこの議論（ヴェーバー、ヒンツェ、ポメランツ、ペール・フリースなど）と根本において同じものが、Mielants 2007 に見られる。別の形で、Bin Wong/Rosenthal 2011.

(17) たとえば、Meiksins Wood 2002.

第三章　拡大

およそ一五〇〇年頃まで、資本主義は何より商人資本主義として姿を現し、経済と社会全体を規定する力は限られていた。しかし、続く三〇〇年の間に資本主義は大きく拡大した。新たに確立した世界的交易システムにおける空間的拡大、生産の領域へのダイナミックな参入、そして最後に、社会全体における重要性に関する拡大として。最後の点は、とくにオランダとイギリスで顕著だった。資本主義に対する社会的評価も、全体として良い方向に変わった。ヨーロッパ史の上では近世と呼ばれるこの時期に――グローバルな統合が同時に進んだとはいえ――西欧が明確に資本主義の歴史の主導的地域となった。資本主義の興隆、領邦国家の勢力拡大、そして植民地支配につながるヨーロッパの拡大は、すべて互いに関連していた。

一　ビジネスと暴力――植民地支配と世界交易

マルクスによれば、資本主義は血と汚物をしたたらせながら、暴力と抑圧の結果としてこの世に生まれ出た[1]。これは歴史的には半面の真理でしかないが、にもかかわらず、資本主義の興隆と植民地形成との結びつきを考えれば、やはり的確な観察と言うほかかない。「地理上の発見の時代」としばしば遠回しに呼ばれるものは、現実にはヨーロッパの諸強国による世界の大部分の、一部は暴力的、一部は商業的な征服の時代だった。ポルトガル人とスペイン人が大西洋を横断し、南アメリカの諸帝国を破壊し、その財宝を略奪した。彼らはまた、アフリカ南端をまわる航路を拓いた後、アジアに向かう海路の制海権をアラブ人から奪い、この大陸の沿岸の多数の港を自身の拠点に変えた。一六世紀における南欧諸国のこの「王室資本主義（Kronkapitalismus/crown capitalism）」（W・ラインハルト）に続き、一七世紀には、オランダ人の商人資本主義が主導権を握った。彼らは東南アジアに植民地帝国を築き、北米およびアフリカでの影響力をフランス人、イギリス人と争った。この争いに勝利したのはイギリス人であり、一八世紀に繰り返されたスペイン人、フランス人との幾度もの戦役の後、主導的な植民地大国にのし上がった。インド亜大陸やオーストラリアと異なり、北米ではほとんどの場合、間接的な形で支配がなされた。他のヨーロッパ諸国もイギリスと張り合おうと試みたが、全体としては失敗に終わった。西ヨーロッパとヨーロッパ大陸の他の部分との格差が広がった。一五〇〇年頃、ヨーロッパの諸強国は世界の土地の約七％を支配していたが、一七七五年頃には三五％にまで拡大した。

このようなめざましい拡大を、もっぱらヨーロッパの資本主義の論理的帰結と解釈するのは誤りだろう。拡大の原動力としてはるか上位に位置するのは、地歩を固めつつある領邦国家およびその諸政府による勢威の追求である。キリスト教の布教という目標も、政治的・経済的拡大の原動力というより、むしろそれを正当化する力としてではあるが、一定の役割を果たした。しかし、経済的利害——富と利益の追求、貴金属への渇望、ヨーロッパの他の強国との厳しい競争に勝利するための交易上の優位の追求——こそが、世界へのヨーロッパの拡大を促す決定的動因だった。それは、たとえば大規模な遠征や土地の獲得が、一般的に言って、独立に行動する征服者や企業家、船長、冒険家、商人に担われていたことに表れている。彼らは軍事を商業と結びつけた。たとえばエルナン・コルテスのような征服者たちは、出発に先立ってかなりの額の資金を借り入れ、それによって船の装備をし、必要な武器を調達し、部下への支払いを行った。世界へのヨーロッパの拡大の中核には、政治権力の野心的な担い手と計算高い金融業者、そして、大胆あるいは無節操な冒険家たちのダイナミックな共生があった。ここに見られるのは、交易と戦争との人をいらだたせる融合、権力欲、資本主義のダイナミズム、無法な暴力の攻撃的な寄せ集めであり、それは、歴史の通則とは

(1) *MEW* XXIII(『資本論』 I), 788:「もし貨幣が……自然の血の汚れを頰につけながらこの世に生まれ出るとしたら、資本は、頭から足まですべての汗腺から血と汚物をしたたらせながらこの世に生まれ出る」。

ならなかったとしても、現在に至るまでくり返し現れてきた(2)。

このような状況が資本主義のその後の発展におよぼした影響は甚大である。西ヨーロッパを中心とする新たな世界的交易システムが形成された。最初は略奪によって手に入れられ、やがて鉱山で大量に採掘された南アメリカの金と銀が、国際的な商取引に支払い手段として流れ込んだ。それはヨーロッパでインフレを加速し、その大部分は最終的にアジアの寺院や王宮に流れ込んで終わった。それというのも、ヨーロッパ人は当時、インド人や中国人の関心を引き、ヨーロッパに絶え間なく流れ込むアジアの奢侈品の対価となるような輸出品を、武器を除けばほとんど持っていなかったからである。とくにオランダとイギリスの商事会社、船主、船長らは、一八世紀に至るまで大西洋の商取引を特徴づけた三角貿易を展開した。すなわち、ヨーロッパからアフリカ西海岸の諸港に大衆消費財(とくに織物、金属製家庭用品、そして武器)を運び、そこからアフリカ人を奴隷としてアメリカに輸送する。ブラジルやカリブ海地域、そして北アメリカの南部諸州で発達したプランテーションの安価な労働力として、奴隷に対する需要はきわめて大きかった。最後に砂糖やタバコ、綿花、その他アメリカの輸出商品がヨーロッパに運ばれ、そこで売られ、加工され、そして消費された。アジアやアフリカの商人が比較的大きな役割を演じていたそれ以前の交易ネットワークは押しのけられ、破壊された。

さらに、ヨーロッパ内部で活発な交易が展開した。都市化が進み、輸出業が発達し、需要が拡大する西の諸地域に、東欧・東部中欧の余剰農作物、とくに穀物が持ち込まれた。これによってヨーロッパ内部における遠隔地交易の重心が移動した。地中海の重要性は減じ、大西洋が重要性を増した。これに伴い、ヨーロッパ内部における資本主義発展の主導的地域が、北イタリア、南ドイツ、そしてバルト海・北海地域から、まずオランダ、そしてイギリスへと移動した。ジェノヴァやフィレンツェ、アウクスブルクやリューベックでなく、アントウェルペン（アントワープ）、それからアムステルダム、そして最後はロンドンが世界経済の中心になった。ますます活発になる遠隔地交易は、大きな利益と需要をもたらした。そしてそれが、植民地で輸出指向のプランテーション経営が発展し、そして西ヨーロッパの農業、製造業、消費に資本主義が確立する決定的原動力になったのである。(3)

二　株式会社と金融資本主義

商人資本主義と急速に進む植民地形成との結びつきは、組織上のイノベーションを呼び起こした。一つには、確立しつつある資本主義の核を成す制度上の構成要素として、企業が、かつてのいかな

（2）Reinhard 2008, 28–58; Reinhard 2014; Beckert 2014, chs. 2 and 3（「戦争資本主義」）; 征服者たちおよび彼らの借金について、Graeber 2011, 334, 465.
（3）以上について詳しくは、O'Brien 1982.

る時代より明確な姿をとって現れた。一六〇二年に設立されたオランダの「連合東インド会社」(Vereenigde Oostindische Compagnie: VOC)は、一六・一七世紀にいくつかの国、とくにオランダ、イギリス、フランスで植民地交易のために設立された多数の株式会社のうちで最も重要なものだった。いま一つは、今日まで用いられる金融資本主義の新たなタイプの諸機関・実践が現れたことである。たとえば、有価証券の取引を行う証券取引所は、アントウェルペンでは一五三一年以来、アムステルダムでは一六一一/一六一二年以来、そしてロンドンでは一六九八年以来存在している。

交易企業は一六世紀に至るまで、相対的に独立して仕事をし、帳簿も別立ての少数の商人が、きわめて限られた期間のみその都度協働する共同経営の形をとっていたが、VOCとともに資本会社(株式会社や有限会社)が登場した。六四五万ギルダーというVOCの巨額の資本金は、それぞれが有限責任のみを負う二一九人の出資者によって拠出された。彼らは定期的に配当金を受け取ったが(年平均で一八%)、しかし会社の運営にはほとんど影響力をもたなかった。出資者を変えつつ、VOCは一七九九年まで存続した。出資者の交替が可能だったのは、新たに登場した証券取引所で彼らが持ち分を売り買いすることができたからである。これにより、ある企業への所属が市場で取引可能になり、参入と退出が容易になった。会社の経営は取締役(directors)の手に委ねられた。彼らは、広い地域を覆い、垂直に統合され、多数の(とくにアジアにおかれた)支所を動かす組織を、よく工夫された委員会システムとシステマティックな報告制度、そして、まもなく三五〇人を数えた職員を擁する本社事務所を用いてアムステルダムから指揮した。会社は、多数の商品を買いつけ、運び、販売した。さらに、たとえばインドでの硝石［火薬の原料］の製造や絹糸紡績など、限られた分野ではあるが製造業にも手を伸ばした。

これらすべての点で、VOCは著しく近代的に見える。しかし、一九・二〇世紀の巨大な多国籍企業からそれを区別するのは、国家にも類した広範な権限を備えた独占体という性格である。ネーデルラント連邦共和国［オランダ］の政府は、喜望峰以東におけるオランダのすべての交易権、加えて、「戦役を行い、協定を結び、土地を占拠し、要塞を築く」権限をVOCに与えた。VOCはこれらの権限を、他の諸国の競争相手としばしば戦火を交えつつ行使した。資本主義的なビジネスと戦役との境は流動的だった。収入の大半を、競合し、あるいは敵対する船の拿捕《だほ》から得ていた時期もあった。

巨額の資金の必要と業務の複雑さだけでは、このような独特な組織の成立は説明できない。それは、ビジネスと政治と暴力が密接に入り交じり、国家間の激しい競争がしばしば一国内における企業間の競争を停止させるような、そうした時代における政府の政治的要請に合致するものでもあった。国際競争のなかで諸資源を結集し、スペイン、そしてまもなくイギリスに対抗する意図をもって、VOCはオランダの全諸州の商人・商事会社の同盟として、政府の圧力の下で形成された。同じことが当時の他の商事会社、たとえば一六〇〇年から一八五八年まで存続した、はるかに小規模なイギリス東インド会社、そしてオランダ西インド会社、さらに、たとえばスカンディナビア諸国の同様の諸会社についても言える(4)。

両替、為替、送金、信用、保険は、少なくともヨーロッパでは初めから商人資本主義の業務に属し、それらは、商品取引に携わる商人自身によるだけでなく、一二世紀以降になると、こうした業務に特化した銀行によってしだいに担われるようになった。これらの銀行は同時に、公然と、あるいは隠れた形で利子をつけて預金を受け入れた（本書五二頁を参照）。都市政府や領主、領邦君主、諸侯や国王、さらには皇帝や法王への貸し付けが、早くから重要な役割を演じた。たとえば、織布工・商人の家から身を立てたアウクスブルクの大実業家ヤコブ・フッガーは、商品取引や鉱山会社を営んだだけでなく、同時に大銀行家としても活動した。銀行家として彼は、ハプスブルク家の皇帝マクシミリアン一世やカール五世の選挙や戦争、その他国事のための資金調達を助けた。商人としても銀行家としても、フッガーはうまく立ち回った。生涯の最後の一〇年、彼の事業は年に平均五四％の利益をあげた。一五二五年に世を去ったとき、彼はヨーロッパで最も豊かな企業家だった。一七世紀のイギリスでも、大きな資産は商品取引ではなく金融業によって形成された[5]。

国際的に密なネットワークを形成し、すでにコスモポリタン的とも言いうる金融資本主義の中心が、しだいに西ヨーロッパに移動した。まずイタリアで発達した送金や為替取引の手法は、アントウェルペンやアムステルダム、ロンドンでさらに発展し、ますますその数を増す銀行の業務のなかで、新たな需要に適合させられた。その際、一七世紀初めに登場した市立の銀行が、私営の銀行を補いつつ、しだいにその数を増していった。

植民地での事業に携わる独占企業の株式が、証券取引所で扱われる有価証券のかなりの部分を占めていた。資本はますます商品となり、それに伴う投機の要素が飛躍的に強まった。巨額の利益の見込みだけでなく、巨額の損失の危険性も高まった。チャンスとリスクに向き合ったのは、少数のアクティブな専業の商業資本家だけではない。一七世紀の間に西ヨーロッパの大都市では、証券取引所で運を試そうとする広範な階層から成る大小の投資家が数を増していった。すでに一七世紀初めには、VOCの株式を手に入れようと、まず一〇〇〇人以上の人々が応募した。そのうち一万ギルダー以上を出資したのは八〇人だけで、圧倒的多数の人々の投資はごく少額だった。一七世紀後半、オランダの国債の購入者は、「大銀行家、都市の支配者層、保険業者、知識人・官吏・年金受給者を含む中間層、富裕な農民、たとえば教会や慈善団体などの機関投資家など、すべての層の人々」から成っていた（ファン・デル・ウェー）[6]。一七二〇年のイギリス南海会社の破綻は、まさに熱狂と言うべき投機の結果だった。イギリス政府は、まだ発見されてもいない地域（!）での権利を含め、南アメリカとの交易の独占権をこの会社に与えた。人々は、スペインがまもなく政治的に弱体化し、その結果、南アメリカとの取引が莫大な利益を生むだろうと期待した。人々は株式に殺到し、ほんのひと月の間に株価は一二〇ポンドから九五〇ポンドに上昇した。広範な層の人々が会

（4） Chaudhuri 2005, 80–97; Frentrop 2002, 49–114; Reinhard 2008, 42.
（5） Ehrenberg 1896, 122–124.
（6） Van der Wee/Kurgan-van Hentenryk 2000, 117–264（引用は260）．以下のパラグラフについても同箇所。

社に資金を託し、夏になってバブルがはじけ、株価が底なしに下落したときそれを失った。サー・アイザック・ニュートンも被害者の一人だった。彼はつぎのように語ったと言われる。「不規則な星の動きを計算することはできるが、大衆の狂気の計算は無理だ」(7)。このような恐慌の、経済全体そして社会におよぼす帰結は、なるほどきわめて限られたものだった。しかし、取引所と投機を通じて、広範な層の人々が、資本主義がたっぷり用意する期待と失望、利益と損失を現実に初めて思い知ったのである。

近世における銀行の発展は、商業の拡大にともなって増大する信用の必要、その結果として生じた新たな形の仲介・為替業務に対する需要のみを原因としたわけではない。むしろ銀行の提供する業務は、権力の座にある者、つまり、きわめて早い時期には都市の政府、しかしその後とりわけ、多数の戦役を行い、権力と威信を顕示し、領地を拡大するために自身の収入から得られるよりはるかに大きな資金を必要とした、力強くその地位を固めつつあった領邦国家の政府によって求められた。君主とその政府は、生成途上の金融資本主義を国家の内的形成の手段として用いた。預金や貸付金として銀行に預けられた個人や会社の資産の一部を、自身の目的のために利用しようとした。さらに、関税や租税の徴収のために大商人が利用された。再三再四、君主は資本家に高額の負債を負い、政治権力を用いてこれを帳消しにするよう強要することもあった。債権者には、高額の利子に加え、独占や採掘権のような特権、社会的地位の付与がなされ、そして――戦勝の際には――戦利品に与る権利が与えられた。領邦国家や都市政府によって発行され、あるいは保証された債券の引き受けを通じて、中・上層の人々、そして教会や財団のような法人・協同組合的諸機関の経済的存立が、その時々の統治者の政府と結びついた。

こうした状況の結果、企業の膨大な利益、しかしまた稀ではないその破綻も、市場での成功や失敗だけでなく、政治権力者の運命と気まぐれに左右されることになった。状況は国によってさまざまだが、決定的なのは、公的債務が長期的にどのように規制されたかということである。ネーデルラント共和国［オランダ］、そして一六八八／一六八九年の後に樹立されたイギリスの立憲君主制では、すでに一七世紀末に、（オランダの）諸州議会および国会、ないし（ロンドンの）議会、したがって資力のある層の人々の代表の支持を得て、公的債務の整理に成功した。

こうした背景の下でオランダとイギリスの信用力・経済力は大いに高まり、加えて言えば、両国の政府が税を引き上げ、同時に妥当な利率で巨額の公的債務を保持し続けるだけの力と余地も拡大した。オランダは、その商人資本主義のダイナミズムが一八世紀に衰えた後にも、銀行業ならびに金融資本主義の中心としてヨーロッパおよび世界で重要な役割を果たしつづけた。イギリスにおける財政上の刷新の一つは、一六九四年のイングランド銀行創設である。それは非政府機関として組織されたが、しかしまもなく一種の中央銀行となり、「最後の貸し手」の役割を担い、この国の金融政策に決定的に関与した。国家形成、そしてまた資本主義のさらなる発展のための理想的条件の形

（7） Berghoff 2011, 73-75 による。Kindleberger/Aliber 2005, 42, 58; 企業破産の歴史については、Safley 2013.

成に、それは大きく寄与したのである。

三　プランテーション経済と奴隷制

「われわれが資本主義と結びつけるようになっている金融装置のほとんどすべての要素——中央銀行、債券市場、空売り、証券会社、投機バブル、証券化、年金——は、経済学の成立以前というだけでなく（それはかならずしも驚くべきことではない）、工場や賃労働の成立より前に登場していたと思われる」[8]。実際一七五〇年頃の西ヨーロッパで、資本主義は、グローバルなつながりをもつ商人資本主義・金融資本主義として確立していた。ただし、生産の領域の資本主義的改造はなお進んでおらず、それが本格的になされるのは一八世紀後半にイギリスで工業化が始まって以降のことである（本書第四章を参照）。もっとも、近世における資本主義の広がりが、生産の領域に何の痕跡も残さずに終わったわけではない。全く逆である。以下では、工業化の開始より前にすでに資本主義が労働の世界を変えた最も重要な領域のスケッチを試みてみよう。プランテーションでの労働、農業、鉱業、そしてプロト工業的製造業である。

資本主義を「二重の意味で自由な賃労働」——経済外的強制および生産手段の所有から自由（持たない）で、労働力と賃金の交換関係という枠組みのもと、契約にもとづいて雇われ、報酬を得る労働——と結びつけて理解することになじんだ者にはまず、近世における資本主義の拡大が、ヨーロッパの外で、部分的にはヨーロッパ大陸の東部でも、不自由労働の大量の増加と結びついていたという、彼らをいらだたせる考えに慣れることが求められる。すでに、一六世紀におけるポルトガル人・スペイン人による南米の銀鉱山の開発は、現地のインディオの強制労働を基礎としていた。強制労働を強いられた彼らは、その下で苦しみ、しばしば命を落とした。一六世紀末から一七世紀末にかけて、最初はオランダ人、その後ポルトガル人が支配したブラジルの植民地は、主としてヨーロッパに輸出される世界最大の砂糖生産地だった。植民地列強間で争われたカリブ海からは、まずタバコ、それからブラジルと同じく砂糖が、一八二〇年代に至るまで、たとえばバルバドス諸島から大量に輸出された。バージニアやサウス・カロライナの農園主は、タバコ、米、インディゴを生産・輸出し、一八世紀末からはとくに綿花に集中した。輸出向けに生産されたこれら日用消費財(Stapelgüter/staple commodities)の大量栽培は植民地化の結果として成立したものであり、何よりヨーロッパの商人や交易企業、そして——時とともにますます——入植した農業企業家のイニシアティブと投資から生まれた。国境を越えて作動するこのシステムは、当時における資本主義の産物だった。

生産は大半がプランテーション・システムの形でなされた。このシステムは、世界の他の地域、たとえばインド、東南アジア、アフリカの諸地域でも何世紀にもわたって用いられることになる。

（8） Graeber 2011, 345.

プランテーションとは、輸出向けの高価な日用消費財の生産に特化した巨大な農業経営であり、単一作物の栽培に特化していることが稀でなかった。プランテーションに必要な資金はかなりの額におよんだ。ジャマイカのある中規模な砂糖黍《きび》プランテーションは、一七〇〇年に二四〇ヘクタールの土地と二〇〇人の奴隷を擁し、その価値は一万九〇〇〇ポンドと見積もられた。資金の三七・五%は奴隷、三一・五%は土地、そして二一%は甘蔗糖工場に充てられた。利益率は当初は五〇%におよび、一八世紀には五%から一〇%だった。

現地の労働力が不足し、また適性を欠いていたため、ヨーロッパとアメリカの奴隷商人により、一六世紀から一九世紀の間に一一〇〇万~一二〇〇万人の男女のアフリカ人がアメリカに送られ売りさばかれた。うち四八%が西インド諸島、三八%がブラジル、（後の）合衆国の南部諸州が五%弱である。その圧倒的多数が、少なくとも当初はプランテーションで働き、他の部分は家内奴隷や手工業者、あるいはそれ以外の——途中で変わることもあるが、いずれにせよ持ち主が定める——仕事についた。

奴隷と並び、とくにアメリカ南部のイギリス植民地では、一七世紀以来、多数の「年季強制労働者（indentured servants）」がプランテーションで働いた。彼らは、たとえばヨーロッパからただで大西洋を横断させてもらう対価として、五年から一〇年の労働奉仕を義務づけられた契約奉公人であり、これもまた不自由労働者である。それ以外の労働者は、解約可能な契約にもとづいて賃金ないし俸給を受け取った。とくにプランテーションの監視人がそうである。ほとんどの場合集団に組織され、しばしばぎりぎりまで搾取され酷使される労働者に厳しい規律を守らせるため、きわめて多くの監視人がプランテーションにおかれていた。プランテーション経済は、厳格な計算と目的合理的な労働組織に典型的に服していたが、しかし同時に、先のことを考えない「濫伐《らんばつ》」の要素がそこには内在していた。土地がいくらでもある状況で、しかも労働能力のある奴隷が安く手に入る限り、少なくとも当初の段階では、土地と労働のいずれについても持続可能性にはなんら重きがおかれなかったのである。

資本主義の歴史という観点からは、とくに二つのことが強調さるべきである。一つは、発展しつつある資本主義が、その最も重要な諸原理——この場合は交換の原理と商品形態——を労働の組織に徹底的に組み入れることなしに、需要と投資、労働力の調達、マネジメントを通じて生産の領域を根本的に変化させうることを、プランテーション経済は模範的に示している。奴隷は、奴隷化され、搬送され、新しい所有者に売られるなかで、人間性を貶《おとし》める極端な仕方でまさに商品となり、奴隷ハンターと奴隷商人、そしてプランテーションの経営者の間で交換される。ただし、プランテーションにおける奴隷所有者と奴隷の関係は、労働市場における形式的に対等な参加者間で労働力が賃金と交換される関係とは違っている。それは、所有者と所有物との間の極端な不平等関係だった。資本主義は明らかに——少なくとも一定の期間、そして一定の条件下で——さまざまな労働制度と両立しうる。それは今日でも言えることである。奴隷を用いた近世の植民地プランテーション経済の場合、こうした条件に属するのは、大量の不熟練労働を必要とする比較的同質な日用消費財への集中、なお未発達な労働市場、そして、一方における資本家・企業家と他方における労働者との間の、文化的・人種的な意味合いを強く帯びた際だった相違である。

奴隷経済の効率性は限られたままだった。奴隷の所有者は奴隷からできるだけ多くのアウトプットを得ようとし、これに対して奴隷は、モティベーションの欠如と潜在的な抵抗により、しばしば意図的にアウトプットを低く抑えた。「抵抗は、不従順、サボタージュ、殺害の企て、そして蜂起の形で時折表面に現れた。そしてそれは、多数派のアフリカ人と向き合う少数派の白人により、見せしめのために残虐に処罰された」（W・ラインハルト）。多様化した農業、熟練を要する製造業、そして後には工業化が、奴隷労働の基礎の上で長期的に可能になるとは考えがたい。しかし、プランテーションの奴隷制は、ブラジル（コーヒー）、キューバ（砂糖）、合衆国南部諸州（綿花）、さらにその他の地域で、一九世紀にもなお高い利益をあげつづけた。くりかえし主張されてきたのとは異なり、奴隷制が廃止されたのは、経済的にそれが劣っていたからではない。そうではなく、一八三三年（イギリス）から一八八八年（ブラジル）の間に、政治的圧力を受けて、つまり宗教的・人道主義的なコミットメントと、それに力を得た改革運動の結果として、それは禁止されたのである。

奴隷制は、世界の多くの地域で長い伝統をもっている。一八世紀のアフリカには、アメリカと同じくらい多数の奴隷がいた。しかし、資本主義の影響下で奴隷制はその規模を大きく増しただけでなく、この経済システムに典型的な苛酷な労働規律と結びついて、特別な残忍さを帯びた。何世紀にもおよぶ奴隷制とのつながりなしでは資本主義のさらなる発展はありえなかった、とは言えないし、一八世紀末以降の工業化が奴隷貿易の巨大な利益を養分にして成長したというテーゼも、奴隷貿易が西ヨーロッパ諸国のそれ以外の商業、織物業、造船業、その他の産業部門におよぼした乗数効果がいかに疑いえないものだったとしても、やはり支持しがたい。しかし、資本主義が血と汚物をしたたらせながらこの世に生まれ出た、という言葉の意味するところを理解しようと思うなら、奴隷制やその他の不自由労働の諸形態と資本主義との関係に留意することが必要である。さらに、資本主義の歴史のこの一幕が示すのは、資本主義は非人道的な行為に抗するものを自身のうちにほとんどもっていないということ、しかし同時に、法的・政治的な制限や指導があれば、そうした抵抗の側に立つ能力はある、ということである。(9)

四　農業資本主義・鉱業・プロト工業化

中世および近世ヨーロッパの農業を自給自足的・停滞的なシステムとしてイメージするのは、ま

(9) Reinhard 1985, ch. 8; Reinhard 2008, 112（引用箇所）; Appleby 2010, 121-137. この問題は、とくにアメリカ史に関して徹底的に研究され、議論されてきた。Johnson 2013; Baptist 2014; Beckert 2014, ch. 5; Zeuske 2013, 27-96 を参照。資本主義と奴隷制が一般に両立可能であることが、大きく強調されている。より古い見解では、これとは逆に、両者間の緊張が強調されている（たとえば Haskell 1992）。しかし、こうした相違は、奴隷制と資本主義が共生する場合の諸条件、そしてそうではない場合の諸条件をどう特定するかによっている。

ったくの誤りだろう。むしろ、中世盛期における都市の拡大以来、都市・農村間の分業、従ってまた両者間の交易が、たとえほとんどが小規模で初歩的なものだったとしても、たえず存在した。何世紀にもわたり農業は、深刻な危機と明確なブームの時期を経験した。農産物の価格は地域によって異なり、時期によって変動した。そして、この価格変動に伴い、農業生産者の生活条件も異なり、変動した。著しい不平等が、地域間で、大小の荘園・農場の間で、領主、自由農、農村の貧民や土地をもたない下層民の間に存在した。この貧民・下層民は多くの地域で農業従事者の過半を成し、ほとんどの場合きわめて従属的な地位におかれ、生活を脅かされていた。こうしたことと結びついて、無数の紛争、抵抗、そして抑圧があった。土地は相続され、奪われ、割り当て直されただけでなく、地域によって大きく異なる制限的規制の下ででではあるが、市場で取り引きされた。何世紀もの間に、農作業の方法の進歩が見られた。長く続く後退局面によって中断され、また、地域により大きな差はあるものの、農業の生産性はゆっくりと上昇した。農業・農村の世界は安全でも健全でもなく、平穏な状態には決してなかった。

もっとも、大半の人々がそこで働き、生活の糧を得ていた農業は、伝統的に資本主義の領分ではなかった。自給自足が広がり、世帯、農家の農場、地主・領主の農場は、消費するものの大半を自身で生産し、したがって消費者としての市場との関わりは補完的で、きわめてマージナルでしかなかった。農村・農業の世界では、伝来のものへの指向が圧倒的で、イノベーションや成長というカテゴリーでの思考は陰に退いていた。村という、ほとんどどこでも支配的な社会形態は——内部でどれほど不平等があったとしても——個人化と競争の代わりに共同性を、人の顔の見えない市場関係の代わりに個人的なつきあいを、批判よりも伝統を強めた。

しかし、ヨーロッパの大半の地域で資本主義の端緒の前に立ちはだかったのは、何より封建制である。経済関係と社会関係を密接に結びつけ、特権と従属のいずれをも、経済的のみならず、とりわけ社会的・政治的に規定することにより、封建制は調整メカニズムとしての市場での交換を著しく制約した。封建制は、領主・農民・農村下層民の経済的思考・行動の余地を大きく狭めた。新種の商品やサービス、利益の獲得・投資・蓄積、競争と成長への指向から生まれうる変化のダイナミズムに、それはブレーキをかけた。荘園領主（Grund- und Gutsherrn）と「彼の」農民、ホイスラー（小屋住み農）、奉公人（僕婢）の間には、幾重もの段階を成す特権と従属のシステムが存在した。このシステムは、資本主義システムにおける雇い主の権利と義務をはるかに超える政治的諸権利を領主に与え、そしてまた扶養義務を課した。後の時代の自由な農民や農業賃労働者と異なり、このシステムは隷民に、領主に対する貢納と奉仕（しばしば長時日におよぶ賦役の形での）を義務づけた。それは、経済的アクターの自由を、たとえば土地への緊縛によって制約した。同じ一つの土地に、*dominium directum*（「直接所有権」ないし「上級所有権」）と *dominium utile*（「使用所有権」ないし「受益所有権」）、つまり領主と隷民の所有権が重なり合って存在し、さらに、すべての村人、とくに最貧層の用に供される村の共有地（アルメンデ、入会地）があった。たいていの場合、同じ地域に、荘園領主の支配に服する農地と並んで、自由農の所有地、そして領邦君主の支配下にある農民の土地が存在した。このシステムは複雑で、地域によって多様だった。とくに西ヨーロッパでは、それは大幅に貨幣化し（賦役から現物、さらに貨幣による貢納へ）、土地の賃貸借関係を組み入れることにより少しばかり商業化した。しかし、東に向かうとそれは、農場領主制（Gutsherrschaft）という苛酷な形態にも移行しえた。そこでは、領主は直営地経営を行い、そのために農民に賦役を課した。隷民の土地への緊縛は強制的性格を帯び、「世襲隷民制（Leibeigenschaft）」と呼ばれるものにまでなった[10]。

注目すべきは、資本主義の諸原理に背を向けたヨーロッパのこの古い農業の世界に、長い時間をかけて一歩ずつ資本主義の諸要素が入り込んでいったことである。それは例外なく商業と密接に結びついてのことだった。商業は農業生産者に販売の機会を開き、それが、彼らが生産関係の構造を変えるインセンティブとなった。ただし、ほとんどの場合、農業への資本主義の浸透を促進するか、あるいはその諸帰結から農民を守ろうとする国の関与（一八世紀の「農民保護（Bauernschutz）」：農民保護のためのプロイセン国家の諸勅令）の下でではあるが。一六世紀以降、東部中欧および東欧地域で広がった輸出指向の、しかし封建制にしばられた農業資本主義は驚くほどの持続力を示した。エルベ川以東のドイツ、ポーランド、ボヘミア、ハンガリー、そしてバルト海地域の領主制農場（Gutswirtschaft）は、日用消費財、とくに穀物を西ヨーロッパに輸出して利益をあげた。同時にその内部では、農民や他の隷民の土地への緊縛が強められ、また「農民追放（Bauernlegen）」によって直営地経営が拡大され、賦役による搾取が強化された。「再版農奴制」として知られるようになる事態である。それは、奴隷労働を基礎としつつ資本主義への指向を示すプランテーション・システムを想起させるような、不自由労働と非資本主義的労働組織を基礎とする輸出指向の農業資本主義である。それは、たとえばプロイセンで社会と政治に巨大な影響をおよぼし、一九世紀の農民解放によって「再版農奴制」の法的基礎が除去された後も、形を変えつつ存続した[11]。

不自由労働を基礎とするこの大経営的農業資本主義は、封建制の伝統が強く残り、都市化の程度が低く、ローカルな市場関係の発達が微弱な諸地域で発展した。領主たちは遠隔地交易に携わる商人と契約を結び、この商人たちは、ケーニヒスベルクやダンツィヒ、シュテティンなどの港から西ヨーロッパの消費者に向けて商品を搬送した。一方、自由を大きく制約された個々の農民たちが、近隣の市《いち》に直接アクセスすることはほとんどなかった。資本主義的に事業を営む封建領主のひたすらな自己利益の追求を抑えたかもしれない強力な領邦君主も存在しなかった。

資本主義はオランダの農業でも広がったが、そのありようはまったく違っていた。ここでは封建制の伝統は弱く、都市化が進み、農産物の需要は大きかった。後から振り返れば、国内市場関係の密度の高まりから生まれる資本主義成立の、すでに中世盛期に始まるきわめて連続的なプロセスを認めることができる。早くから密になった都市・農村間の交易関係が、農業生産の専門分化を促し

(10) 入門的なものとして、Rösener 1993. 分析的なものとして、Brenner 2007, 63-84.
(11) Duplessis 1997, 76-82, 147-153.

た。この結果、市場の統合がさらに進み、余剰が生まれれば遠隔地交易の成長にもつながった。土地の売買や賃貸がなされた。地域的な資本市場が発達した。投資をし、富を蓄積し、耕作法の改善に関心をもち、新たな作物の開発にとりくむ豊かな農場に市民は多額の出資をし、それ以外の、ほとんどが比較的小規模で不確かな所有権しかもたない農場は没落し、吸収された。農業における賃労働は、早くも一三世紀に発展しはじめた。オランダにおける（農業にかぎらない）すべての労働の三分の一が、すでに一六世紀には、賃金・俸給を対価とする自由な契約労働の形でなされていたと言われる。分極化とプロレタリア化が疑いもなく進み、所得と資産の不平等が拡大した。一五五〇年頃、農業人口の五割が、わずかな土地しか持たない、あるいは土地をまったく持たない下層民だった。しかし、農業における大企業の形成は、とくに政府による農民保護によって妨げられた。この地域の農業生産は飛躍的に伸び、それとともにオランダの繁栄は増進した[12]。

イギリスにおける発展も同様の形で進んだ。封建制の伝統の弱さ、農業生産の早期における市場への組み入れ。ただしイギリスの場合、市場への組み入れは、高価な作物への特化に拠るより羊毛の輸出を通じて進んだ。一六・一七世紀には、イギリスは富と生産性でオランダの後塵を拝していたが、しかし、ある重要な点でしだいにオランダをしのいでいった。すなわち、一五世紀から一八世紀にかけてイギリスでは、衰退し、しばしば他に吸収される小・零細農を犠牲にしつつ、農地所有の集中が顕著に進んだのである。その際、いわゆるエンクロージャーの形での共有地の私有化が重要な意味をもったことは、これまで盛んに論じられてきたところである。共有地の私有化と小規模農地の統合による耕地整理は、しばしば議会の決定の助けを得て進められた。この決定は、貴族やジェントリ（地主層）から成るエリート層の影響の下、農民の保護ではなく、大経営的農業資本主義の形成に利した。この結果、農業における賃労働、そして農村労働者の「放出」が大きく拡大した。都市に移住した農村労働者は、後に工業化のための労働力として用いられることになる。一六世紀から一八世紀の間にイギリスでは、土地所有の集中と賃貸、自由な賃労働を基礎とする大経営的農業資本主義が完全な発達をとげた。このような構造転換は、農村における社会的不平等を著しく先鋭化した。同時にこの構造転換は、耕作法の根本的な改善と結びついていた。急速な人口増を一因とする農産物価格の長期的上昇が、地主・借地人の双方に投資を促し、土地の開墾と買い入れ、沼地や湿地の干拓、道路の建設が進められた。牧草地が重要になり、それとともにシステマティックな畜産が広まった。輪作が完全に普及した。伝統的な農民の自給自足に代わり、利益志向と革新の追求が、今や地主および借地人にとっての通則となった。一方、多くの賃労働者も、賃金が上がればより多く働く用意を示した。これが「農業革命」と呼ばれるものである。国内の需要増にもかかわらずイギリスは、一六五〇年頃にはさらに進んで農産物の輸出国となった。「一九世紀半ば、他のヨーロッパ諸国が追いつき始めた頃、イギリスの農業の生産性はなおフランスの五割高く、ドイツ、スウェーデン、そしてロシアのヨーロッパ地域の二倍におよんでいた。労働者一人あたりが

(12) De Vries/van der Woude 1997, 195–269, esp. 200 ff.; van Zanden 2009, 205–266.

生み出すカロリーで言えば、生産性はフランスの二倍、他の三地域の三倍に達した」[13]。

製造業も伝統的には、ヨーロッパでも資本主義とは疎遠な形に組織されていた。すなわち、一部は自家消費用の家内経済の枠内で（たとえば布地や衣服の製造）、一部は農業の副業として（北部・東部・東南部ヨーロッパで長く続いた）、一部は、顧客の家で時折なされる報酬を得ての作業として（賃仕事、日雇い労働者）、しかしとりわけ、独立した手工業経営として。手工業経営では、商品は販売のために製造されるが、しかし原則として客の注文によるか、あるいはごく近隣の市《いち》ないし自身の店舗で売るために作られたのであり、客との個人的接触なしに、商人が仲介して市で売られる商品として流通させるためではなかった。手工業は、同一人の下への労働と所有の結合を基礎とする。つまり、多数の人間を雇う企業家・雇い主と異なり、ここでは所有者が自らの手で働き、場合によっては数人の手伝い（職人・徒弟）が雇われる。伝統的に手工業は、ギルド（ツンフト）という団体に組織されていた。つまり手工業者はそれぞれの職業を管轄するギルドに所属せねばならず、それが定める規則に従わねばならない。その規則が立脚するのは競争の原理ではなく、仲間（兄弟）としての平等の原則、集団による独占の意識だった。すなわち、最大限の利益ではなく、ギルドのメンバーすべてが身分にふさわしい生活を送りうるよう保証することが目指されたのである。これらの規則は、「金持ちが貧乏人を滅ぼさぬ」よう配慮すべきものだった。それは、許容される仕事の仕方を個々に標準化し、それぞれの業種の経営規模の上限を定めた。こうしたことはイノベーションの妨げとなり、蓄積を阻害した。このような規則を備えたギルド組織が存在しないところでも、過不足のない生活、公正な収益という考え方、モラル・エコノミーの考え方が、中世および近世の製造業に――それを通じて庶民の文化に――大きく広がっていた。

手工業以外にも、たとえば初期の大規模な鉱業で、また大規模な作業場ないしマニュファクチュアの形で、はるか以前から製造業は存在した。たとえば若干の手工業、とくに繊維部門の手工業は、早くから地域を越えた交易、輸出ビジネスに組み込まれた。団体形成の伝統は、経済的・社会的分化を妨げなかった。比較的富裕な都市の手工業者は社会的地位のある中間層に属し、一方、より小規模な多数の手工業者は、前工業時代における都市・農村貧民大衆の一部を成した。ギルドの規則が効力をもつとしても、それは都市でのことであり、農村にはほとんどおよばなかった。規則は頻繁に破られ、あるいは当局によって効力を差し止められた。規則の性格・内容は国によってさまざまであり、ヨーロッパ大陸の西部では、中部・東部より早く力を弱めていった。しかし、ヨーロッパの手工業は、その構造と文化によって、資本主義とは明確かつ根本的に異なっていた。(14)

商人資本が製造業に進出するとともに、変化が生じた。たとえば、伝統的にそれぞれが独立の鉱山株保有者で、ほとんどの場合協同組合的組織を形成していた鉱山経営者（「鉱山共有組合員(Gewerke)」）は、技術革新と結びついて増大する資金の必要から、一五世紀以降しだいに商人に頼

(13) Eisenberg 2009, 50 f.（引用箇所）; Duplessis 1997, 63-70, 175-184; Appleby 2010, 75-86.
(14) Bücher 1927, esp. 981 f.; Thompson 1971; Schulz 2010.

るようになった。商人たちはよろこんで資金を提供したが、同時に、販売を組織し、鉱山経営自体に介入していった。たとえばアルプス、カルパチア山脈、エルツ山地、ハルツ山地における鉱山経営への関与は、一六世紀におけるフッガー家の歴史から知られるように、南ドイツの商人資本家たちの拡大と富の重要な柱となった。その際、かつて独立していた鉱山共有組合員は、一歩一歩、賃金に依存する坑夫になっていった。(15)

製造業の世界に資本主義が入り込む最も重要な入口は、しかし、「プロト工業」的な家内工業・家内労働の領域にあった。(16) その根本を成すのは、二つの異なる生産組織形態の緊張に満ちた共生である。すなわち、ほとんどが農村で、しばしば家族単位で営まれる手工業的手仕事の伝来の形態と、他方、地方を越える市場を指向し、資本主義的ダイナミズムを備えた都市の商人資本。この両者の接合の過程で、これに関与する商人の一部は「問屋《とい や》商人（Verleger）」、つまり、なお分散的になされる生産に対して影響力をもつ商人企業家となった。その一方で、この過渡的なシステムにおける直接生産者は、手工業者、家内工業従事者として一定の独立性を維持しつつ、しかし実際は、さまざまな形で資本家に従属し、賃労働者の地位に近づいていった。

より小部分ではあるが、プロト工業は、都市の手工業が輸出向けに生産しはじめたときに生まれた。高度な熟練を有し、新たな好機を捉えたゾーリンゲンの金属加工手工業者や、販売不振に苦しんでいたリールの織物職人がその例であり、いずれも一七世紀のことである。その際、商人だけでなく、それまで手工業者だった者が問屋商人として働くこともあり、彼らはギルドのつながりを長く維持しつづけた。ただし、プロト工業のより大きな部分は、都市の周辺や農村部で現れた。そこでは、問屋商人となった商人やその他の仲介業者が、小農層や下層農の雇用機会の不足と、仕事を求める彼らの意欲を利用し、そうした事態と結びつく相対的に低い賃金コストから利益を得た。農村にはギルド規制はほとんどの場合存在せず、したがってそれが障害となる心配もなかった。彼らは、稼得機会を求める農村下層民に注文を与え、原材料を前貸しし、できあがった生産物を受け取り、ローカルな範囲を越えた市場でそれを販売した。これによって彼らは、とくに繊維部門で「農村工業」の成立に貢献したのである。

一六世紀から一八世紀にかけて、ただし部分的にはすでにそれ以前、あるいはそれ以後にも、この種のプロト工業はヨーロッパの至るところ、とくに、あまり土地が肥沃でない農村地域に広がった。ドイツに関して言えば、リーゼン（ズデーテン）山地やエルツ山地、シュヴェービッシュ・アルプ、ヴェストファーレン山地、テューリンゲンの森、そしてきわめて早い時期にライン川下流域、およびボヘミア、シュレージエン（シレジア）などである。イギリスでは、イングランド北部・西部のかつて純粋な農業地帯だった地域に、繊維産業や金属製品製造業、そしてあちこちに分散した鉱業の中心地が出現した。ネーデルラント南部（後のベルギー）では、一七世紀に都市手工業の衰退が

(15) Sokoll 1994.
(16) Mendels 1972; Kriedte et al. 1977; Ogilvie/Cerman 1996.

顕著になる一方、農村では逆に、織物、レース、武器のプロト工業的マニュファクチュアが広がった。それらは問屋商人——彼らはしばしば原材料、そして注文した品物を生産するための見本も手渡した——の注文を受けて生産された。フランスの工業生産は一八世紀に平均して年一〜二%というかなりの成長を遂げたが、それは主として農村のプロト工業によるものだった。東部中欧にもそうしたものが多く見られたが、アルプスおよびピレネー山脈の南では目立って少なかった。

ローカルな生産と、ローカルな範囲を超える資本主義との結びつきの形はさまざまである。それは、買入制（Kaufsystem. 商人の仕事は、農村手工業者の生産物の買い取りと販売に限られる。ビーレフェルト周辺のリネン（亜麻織物）業にその例が見られる）から単純な問屋制《といや》（Verlag/putting out. 問屋商人が原材料を供給し、遠隔地での販売を取りしきる。北イタリア、バーゼル、アントウェルペン、リヨン、クレーフェルト、ベルリンの絹織物業ではこの形態が数百年間続いた）、そして、集中的なマニュファクチュア経営を伴う問屋制にまでおよんだ。たとえばシュヴァルツヴァルトのカルヴ薄布取引会社は、約五千人の紡績工、織布工、その他の繊維手工業者を雇い、分散した家内工業の形態で羊毛・毛織物生産のあらゆる段階の加工を行ったが、そのうち一六八人は、集中した作業場（マニュファクチュア）で直接の監督下におかれて染色、漂白、捺染《なっせん》に従事していた。

プロト工業システムは、全体としてはなお前資本主義的な世界のなかで、一片の資本主義を体現するものであった。多くの点でそれはなお、きわめて伝統的な性格をとどめていた。言うに足る技術進歩はなく、作業は伝来の技術を用い、とりわけ家庭の枠組みのなかで、きわめてしばしば家族全員が加わり、また、しばしば季節を限った副業として、資本主義以前の論理に従いつつ営まれた。この点はたとえば、景気が悪く製品価格の低い時期に、家内労働者がなんとか暮らしを立てるために仕事量を増やし、一方、製品が高値で売れる時期には仕事を減らしたことに表れている。仕事を減らしても家族が生きていけさえすればいいと考えられたからである。プロト工業システムが拡大するにつれ、生産者の監督や生産プロセスの調整が困難を増し、システムそのものに起因するイノベーションと成長の限界が明確に表れてきた。自身で成長を高めていく新たな質の生産への移行がはじめから実現すると決まっていたわけではない。プロト工業から本来の工業化への連続的な移行は、後の時代になっても例外でありつづけた。

他方、プロト工業システムは生産関係を一変させ、未来に向かう道を指し示した。それは何百万もの人々に生き延びる可能性を与え、人口の増大を加速する一因となった。家内労働者の人生の運命は、目に見えて市場とその変動に左右されるようになった。ライフスタイルが変わり、より近代的になった。両性間の不平等は減じ、新たな消費機会が生まれた。砂糖やお茶、タバコなどの食品・嗜好品（Kolonialwaren/groceries）の購入、新たな流行（黒パンに代わる白パン、使い捨てパイプ、懐中時計、カーテン）の広がりなどである。規律正しく目標指向で、一定程度合理的な労働への一種の教育。経済史家ヤン・ド・フリースが「勤勉革命（industrious revolution）」として分析し、一八世紀末に始まる工業化の近世における先行者と見なしうるこうした事態が進んだのは、市場と消費を指向し、分散的で家庭に近接して営まれる製造業のこの世界においてであった。最後に、産業革命の偉大な発明――ハーグレイブズのジェニー紡績機（一七六四年）、アークライトの水力紡績機（一七六九年）、そしてクロンプトンのミュール紡績機（一七七九年）――は、プロト工業的織物業の成果とボトルネックへの対応として生まれたものであり、これらの発明が、工場制工業と、従って真の工業化の成立に道を拓いたのである。

プロト工業化は、そのままでは一九・二〇世紀の工業資本主義にはつながらなかった。しかしその発展は、プランテーション経済、鉱業、そして農業に即してこれまで明らかにしてきたことを証明している。すなわち資本主義は、産業革命にはるかに先だって、生産の世界をも大きく変えていた。資本主義の歴史という観点からわれわれに強い印象を与えるのは、観察可能な変化の長期的性格、その長期性（*longue durée*）である。[17]

五　資本主義・文化・啓蒙主義――時代の文脈におけるアダム・スミス

商業、金融、農業、そして製造業への資本主義のある程度の浸透は、ヨーロッパのほとんどの国で認められる。しかし、ネーデルラント――まずはスペインからの独立を求めて戦った諸州、一五七九年のユトレヒト同盟および一六四八年のヴェストファーレン条約以後は北部の独立した共和国――とイギリス――一六八八／八九年以後の立憲君主制、一七〇七年のスコットランド併合以後は連合王国ないしグレートブリテン王国――でのみ、こうした発展は、資本主義が支配的な指導原理となるまでに確固たるものとなった。両国の経済には重要な違いがあるものの、しかし、すでに一七・一八世紀には資本主義的な経済方式がいずれにおいても完全に発達し、それが社会・文化に強い影響をおよぼしていた[18]。

ネーデルラントの発展はより早く、一七世紀には、ヨーロッパで近代化を推進しようとするすべての国のモデルとなったが、しかし一八世紀になると連合王国に凌駕された。後者の軍事力の優位がその一因だったことは確かだが、しかし同時に連合王国は、未来の礎《いしずえ》となる基本的な型を発展させていた。つまり、オランダ人がその特別の強みを商業と金融の分野、輸出と国際的金融業務におき続けたのに対し、イギリス人はこれに加えて製造業でも資本主義を前進させ、また、オランダ人に比して一層国内需要にも依拠した経済成長を実現した。農業資本主義は両国のいずれにおいても発展したが、その構造は異なっていた。ヨーロッパ大陸の他の大半の地域に対する両国の優位は、都市化の進展についても認められる[19]。このような北西ヨーロッパの優位を説明する要因としては、沿岸周辺部および島国という両国の地理的位置と関わる、相互に関連する以下三つの要因が最も重

(17) Troeltsch 1897; Kisch 1981; Kulischer 1965, 2: 113-137, esp. 114, 116, 123; Kriedte 1980, 47-55, 89-100, 114 f., 160-193; Medick 1996; Duplessis 1997, 88-140, esp. 215, 219; Allen 2009, 16-22; de Vries 2008.
(18) Brenner 2001, esp. 224-234.
(19) Allen 2009, 17 の数値を参照。

要である。まず、すでに中世に遡る遠隔地交易の大きな重要性（とくにネーデルラントの場合）。つぎに、封建制の伝統的な弱さ（イギリスの場合は一〇六六年のノルマン・コンクェスト以後における国王の支配、ネーデルラントの場合は王家の歴史と関係する）。そして最後に、ヨーロッパ諸国による一六世紀以来の世界の植民地化において両国が果たした主導的役割。

しかし、資本主義の歴史における北西ヨーロッパの優位を説明するには、社会的・文化的特質にも目を向けねばならない。ここでは、イギリスについて若干のコメントを加えるにとどめておく。一つには、日常史のレベルで、一六・一七世紀におけるビジネスと社交との相互促進的な関係が重要である。たとえば、ロンドンの王立取引所の建物の屋根のついたアーケードでは、食料雑貨(Kolonialwaren/groceries)とともに商取引に関する書籍や広告文書が並べられ、保険業者や公証人が業務を行い、新聞や雑誌の編集がなされ、コーヒーハウス――一七〇〇年頃、ロンドンに四〇〇～五〇〇店あったと言われる――が情報入手・飲食・娯楽の場として人々を引き寄せた。借金と信用供与は階層を問わず日常生活のなかに大きく広がり、それと結びつきつつ、広範な層の人々が市場に駆りたてられて消費を拡大した。歴史家は、すでに一八世紀に始まる「消費革命（consumer revolution）」について語ってきた。一七世紀末以降、協会やクラブが族生し、社交、労働争議の準備、相互保険、議論、ゲームの場となった。市場関係は確かに競争、個人の利益追求と密接に結びついてはいたが、よく見れば、それが信頼を生み、人間関係の形成にもつながったことが知られよう。

いま一つ指摘さるべきは、とくに都市住民の間でものを読む能力が高まり、新聞や書籍、その他あらゆる種類の公刊物が普及していったことである。科学上のイノベーションも、たとえ比較的限られた人々の間であったとしても、このようにして（たとえば、関連する催しや協会での科学者や実務家の集いを通じて）一般に知られていった。有益な知識は高く評価され、それを広めることで金を稼ぐプロの情報仲介業者も現れた。

大陸からの訪問者は、イギリス人が娯楽を求め、ゲームに熱中し、何であれ新しいものをほしがることに驚いた。一八世紀には、ギャンブルやスポーツが商業的に営まれていた。賭け事への熱中が、冷静に確率を計算する傾向と一体になっていた。たとえば競馬、クリケットの試合、闘鶏、あるいは宝くじや取引所での取引など、さまざまな機会にそれが表れている。文化・娯楽産業が盛んになった。偉大な啓蒙主義者たちが、ゲームや投機、娯楽についてどれほど肯定的に語っていたかは注目に値する。それらは、市民社会とその美徳につながる前提条件と見られていたのである。金権政治的な社会だったわけではなく、宮廷や、あるいは貴族的色彩に染まった上層の人々の間では、カネを何か卑しいものと見るそぶりが好んで示された。階級間の格差は明らかで、さらに強まっていった。ある階級（商人や知識人、自由業従事者などの市民層）にとってのコーヒーハウスは、他の階級（下層階級、肉体労働者）ではブランデーハウス（アルコールを提供するパブなど）だった。ジェントルマンのクラブは大衆から隔絶し、労働者は自身の友愛組合（friendly societies）をつくりはじめた。地方の庶民の文化はこれまで通りの習慣や「公正」という観念を指向し、すでに市場関係の影響を受けてはいたものの、利益や進歩にはあまり向かわなかった。しかし、以上にあげた諸例は、一七・一八世紀のイギリス諸都市における社会文化が、広まりつつある資本主義経済の諸原理にある程度合致し、これら諸原理の貫徹を促し、そして逆に、資本主義経済に強く影響されていたことを示している。[20]

当時の人々の思考のなかで、評価の転換が生じた。強い影響力をもった一八世紀の知識人たちは、「資本主義」という言葉は用いず「交易」とか「商業社会」について語ったのであるが、しかし彼らは、経済的のみならず哲学的・道徳的にも資本主義の評価を高める道を拓いた。一六・一七世紀に至るまで、資本主義に対して懐疑的あるいは敵対的な姿勢が、ヨーロッパの神学や哲学、国家理論において支配的だった。この懐疑は、たとえばルネサンス共和制下の人文主義において、再発見されたアリストテレスに依拠しつつ強められ、利己心・私的な富・腐敗に対して全体の福利とつながる美徳を擁護するという形で示された。しかし、資本主義に対する懐疑の最も深い根を成したのは、キリスト教の道徳の教えである。それは、隣人愛と高潔な無私の名において、私利の追求、富の蓄積、そしてとくに利益をもたらす金銭上の取引すべてを拒否した。なるほど宗教改革と対抗宗教改革は、「信仰の世俗性」を強調し、労働と職業の評価の向上に貢献した「近代的宗教性」（ハインツ・シリング）をもたらした。マックス・ヴェーバーは、ピューリタン・カルヴァン主義者の倫理による資本主義的精神の高まりを強調した。とくに少数派の宗派（メノナイト、クエーカー）のなかに、この議論があてはまる企業家が存在したことは疑いない。[21]

しかし、資本主義に対する評価の決定的な上昇は、啓蒙主義の精神から初めて生じた。グロティウスやホッブズ、ロック、そしてスピノザのような著作家は、当時の破壊的な諸戦争の衝撃の下、世俗化を推進し、人権・自由・平和・豊かさの実現を旨とする市民社会の諸徳目の新たな規定にとりくんだ。モンテスキューが、古いヨーロッパのメインストリームに断固背を向けつつ商業を、文明化の力として、野蛮を克服し攻撃性を抑え、マナーの洗練に資する力として讃えたのは一七四八年のことである。他の著作家、バーナード・デ・マンデヴィル、デイヴィッド・ヒューム、コンドルセ、そしてトマス・ペインのような、とくにイギリス、フランス、オランダの思想家が、こうした考えに同調した。公共の福利は分別ある私利の追求によって促進される、というのが彼らの議論に共通する方向性である。ある者の利益が他者の不利益となるとは限らない。商売と道徳が必然的に対立するわけではない。市場は、情熱に任せた戦争を利益の追求におきかえる助けとなる。市場は、勤勉や根気、廉直や規律といった美徳を増進する。全体として、新たな資本主義的諸傾向を根本から肯定する声が表に現れだした。そうした諸傾向が豊かさを増すというだけでなく、国家の恣

(20) Eisenberg 2009, 78-105; Clark 2005.
(21) Schilling 2012, 634 ff. ヴェーバーのテーゼについて、本書一八—一九頁。批判として、Eisenberg 2009, 83-85; Schama 1987, 326-330; Allen 2009, 7; Steinert 2010. ヴェーバー・テーゼを支持するものとして、Segre 2012.

意的な介入がなく、自由と個人の責任を尊重し、そして、戦争でなく妥協によって紛争を解決することのできる、人間の共同生活のより良い秩序を生み出すことに資する、と期待されたのである。[22]

このような、現実的かつユートピア的でもある見方の最も体系的な表現は、スコットランドの啓蒙主義者アダム・スミスが一七七六年に公刊した書物、『国富論』に見られる。スミスが鋭い洞察力をもって分析したのは、資本主義的経済活動の鍵となる諸要素、すなわち分業、商取引、資本形成、需要と供給、価格メカニズム、そして――これが中心におかれたのだが――長期の利益を見すえて短期の報酬を先延ばしにする能力だけではない。彼は、奴隷の保持、農奴制、そして伝統的な下女・下男の奉公から見知った抑圧的な個人の従属を拒否し、それと対比して、交換取引（労働力と賃金との交換を含む）と相伴って進む個人の自由の増進を高く評価した。私利、そして個々の市場参加者による決定の重要性をどれほど認めていたとしても、彼は決して一面的に「自由放任（laissez-faire）」に肩入れなどしなかった。むしろ彼は、国家と市民社会なしでは市場経済は機能しないと考え、これらに重要な役割を与えた。一次元的なホモ・エコノミクスとして人間の姿を描くことは、彼にはまったく縁遠いことだった。確かに彼は、人間の利己心を行動の確かな基礎と考えた。しかし彼は、経済学者であると同様に道徳哲学者でもあった。彼は、個人の自己愛を抑えるのでなく、むしろそれが全体の福利を増す助けとなりうるよう方向づけるべきだと論じた。ただし、このような方向づけを市場（のみ）に任せておくことはできない。むしろそのためには――とスミスは論じる――公共の道徳、賢明に構築された諸制度、とくに政府と社会と市場の関係を適切に調整するための諸制度が必要である。スミスは、当時のイギリスの経済政策、とくに、いまだに重商主義的で独占に頼る対外経済政策を盛んに批判した。彼の言う「商業社会」は、将来において実現されるべき目標だった。彼は改革者だった。しかし彼が、資本主義の拡大と発展として本章で描いてきた諸傾向、とくにイギリスで見られたそうした諸傾向のほとんどに同意していたことも確かである。(23)

スミスや、一八世紀の他の啓蒙主義者によって与えられた、より大きな豊かさとより大きな社会進歩への道という、確立しつつある資本主義についての解釈は、資本主義のいくつかの弱点を見えなくし、あるいはそうした弱点を、なお改革の不十分な諸制度の責に帰することになった。たとえば、ヨーロッパの外の世界における暴力とビジネスとの関係は、重商主義が原因と考えられた。啓蒙主義者の解釈は、資本主義の確立に際して重要な役割を演じた強制の要素を見逃している。たとえば、共有地の私有化と、それと結びついて進行した、農村住民の一部の生活基盤の喪失などである。資本主義が強力に貫徹するところでは、すでに当時においても、たとえ生活水準が全体として

(22) より以前の時代の懐疑的な見方について、関連する文献の紹介を含め、Muller 2003, 3-19. 一八世紀における転換について、Appleby 2010, 87-120. 基本文献として、Hirschmann 1992, 105-41, esp. 106 ff.
(23) スミスについての手引きとして、Muller 2003, 51-83; Conert 1998, 70-80. 基本文献として、Rothschild 2001, 116-156. 見解を異にするものとして、Vogl 2010/2011, 31-52; マルクス主義の観点から、Brenner 2007.

上昇したとしても社会的不平等はつねに拡大した。スミスが描きだす豊かさの増進の果実は、きわめて不均等に分配されたのである。(24) スミスはこのことを知ってはいたが、しかし、彼の思考の構築物の中で、それに大きな意味は与えなかった。

他方スミスは、コンドルセや他の啓蒙主義者が思い描いたような理性的諸個人から成る社会に適合する経済秩序の見事なコンセプトを示した。彼は、諸個人がそれぞれ自身の利害を最もよく判断しうると確信していた。官憲国家の後見なしでも賢明な秩序は成り立ちうると信じていた。過去数百年の経験にもとづいて、彼は、統治する者の賢明さ、伝統の健全さに信頼を寄せなかった。スミス、そして啓蒙主義の刻印を帯びた当時の文献は、実証的に確認されるつぎのような事実を反映している。つまり、資本主義は、不承不承な大衆に一部のエリートが上から押しつけただけのものではなかった。資本主義は、古い時代の不正に対する実践的な批判として、努力に対する正当な報酬の約束として、自由と結びつく豊かさを生み出すものとして、商人や企業家だけでなく、知識人や、そしておそらくは多くの「普通の人々」にとっても魅力的でありえたのである。

後の時代から振り返ってみれば、こうした見方に根拠がないわけではなかったことが明らかになる。ネーデルラントとイギリスはいずれも、一八世紀の末に「商業社会」というスミスの理想に近づいた国、本書の言葉で言えば、ヨーロッパの他のすべての国より資本主義的な国だった。同時に、イギリスとネーデルラントは、ヨーロッパで最も豊かで最も自由な国でもあった。資本主義が貫徹する過程で社会的不平等が目に見えて高まったことは確かだが、この過程で実現された豊かさの増進の結果、一五〇〇年から一八〇〇年の間にロンドンとアムステルダムの労働者の収入は、名目では上昇、実質では同水準を維持した。これに対して大陸の、たとえばウィーンとフィレンツェでは、名目ではほぼ停滞、実質では低下している。ヨーロッパの北西周辺部（とくにイギリス）と大陸の大半の地域との豊かさの東西格差は、一五〇〇年頃にはほとんど存在しなかったが、一八〇〇年までに著しく明確化した。[25] このことは、エリートだけでなく大半の人々に大きな影響をおよぼした。ヨーロッパの中部地域では、食糧供給危機（「大衆貧困（pauperism）」）の破壊的な力が「飢餓の」一八四〇年代に至るまでその勢いを強めた。しかし、この危機はイギリスにはおよばず、およんだとしてもはるかに弱い形でしかなかった。マルサスの罠――一九世紀初めに経済学者トマス・ロバート・マルサスは、人口政策によってブレーキをかけられない限り、人口は入手可能な食糧より速く増加する、と予言した――の克服に、イギリスは一八〇〇年頃にはすでに成功していた。一方、ヨーロッパの大半の地域では、それが可能になったのは、数十年後の工業化の開始以降のことである。それは、何十万人もの人々にとり、生き延びることができるかどうかの問題だった。

経済史家ケネス・ポメランツが「大分岐（The Great Divergence）」というキーワードの下で提起

（24）オランダの事例に即して、Van Bavel 2010, 72-77.
（25）「工業化以前のイギリスにおける高賃金経済」について、Allen 2009, 25-79（esp. 34, 39, 40）; Broadberry/Gupta 2006, 2-11; Clark 2005, 1308, 1311, 1319.

した挑戦的なテーゼに関連して、数年来、以下の問題をめぐって活発な議論がなされてきた。すなわち、絶えず自己を駆りたてる加速度的成長に向かう経済史上のブレークスルーに成功したのがなぜ北西ヨーロッパであり、同様に高度な経済発展をとげていた中国東部ではなかったのか、という問題である。論争は「資本主義」に関してなされたものではないし、この論争に何らかの寄与をなすことも本書の目的ではない。しかし、ここまでの考察から引き出しうる三つの事柄を示しておくことは適切かもしれない。

一 「大分岐」を説明しようというのであれば、それがまずもって生産性と成長の相違の解明を問題としているとしても、経済、社会、国家、そして文化の間の諸関連に比較の目を向けることが必要である。複雑な現実は純粋な経済史を超えたまなざしを求めており、資本主義の概念はその際の助けとなりうる。

二 ヨーロッパ内の比較から知られるのは、イギリスが、そしてやや劣りつつもオランダが一八世紀末に得た優位は、数世紀におよぶ長期的プロセスの結果だったということである。中国とヨーロッパの相違の解明にとっても、長い期間におよぶゆっくりした変化に目を向けることが不可欠だろう。

三 最後に、われわれの注意を強く引くきわめて重要な要因は、政府の積極的役割、植民地化、そしてプロト工業化の大きな重要性である。この三つの要因が中国には欠けており、あるいは、ここではまったく異なる形で現れた(26)。

現時点の知見によれば、一八〇〇年頃、商人資本主義を超えた形をとり、システム全体を規定する力を備えた資本主義がヨーロッパの現象だったことは明らかである。それが同時に世界規模の結びつきを可能にし、またこの結びつきによって条件づけられていたとしても、それが完全な姿で存在したのは北西ヨーロッパだけだったのである。

(26) Pomeranz 2000 を参照。論争から一〇年経過した後のレビューとして、O'Brien 2010; Conrad 2013, 163-174; Vries 2013. 中国（およびインド）の商人資本主義におけるプロト工業化の弱さについて、Lu 1992, esp. 492, 496; Chaudhuri 2005, 201.

第四章　資本主義の時代

啓蒙主義時代の進歩オプティミズムが長続きしえなかったのと同様、資本主義を文明化の使命の核を成すものと見る解釈も長くは続かなかった。このような解釈は一八世紀における工業化以前の資本主義の土壌の上で生まれたもので、工業資本主義の発展とともに姿を消した。二〇世紀初め、ゾンバルトやヴェーバーのような知識人は、資本主義が経済的合理性の点で優れていることを確信していたが、しかし、それが道徳の向上や文明の進歩を促す力になるとは考えなかった。それどころか、ヴェーバーのような自由主義者たちは、自由、自発性、人間性を脅かしかねない資本主義の強制的性格、意味喪失の傾向がさらに強まることを危惧した。保守主義者と左翼は、伝来の慣習を契約により、ゲマインシャフト（共同体組織）をゲゼルシャフト（機能体組織）により、社会的結びつきを市場の計算によっておきかえる資本主義のとどめがたい浸食力を恐れた。社会主義的な批判は、資本主義に内在する搾取、疎外、不正を非難し、資本主義がその内的矛盾によって崩壊するだろうと予言した。今日、資本主義に対する態度は、冷《さ》めた受容と厳しい批判との間で揺れている。多くの者は、未来の挑戦に応える力をそれはもたないと考えている。資本主義の理念は、ユートピアとしては少なくともヨーロッパでは役に立たなくなったように思われる。この章の目的は、このような変化を理解し、それに判断を下すための視点を与えることである。

一　工業化とグローバル化——一八〇〇年以降の時代のアウトライン

一八〇〇年から二〇〇〇年まで、それに先立つ数世紀の発展が、確かに一部は継続した。一九世紀にヨーロッパ大陸のほとんど至るところで見られたように、封建的秩序が一歩一歩除去されるにつれ、農業資本主義が新たな地域に広がっていった。二〇世紀には、農業資本主義はグローバルな「アグリビジネス」へと成長した。都市化が進展し、交通・輸送・通信が革命的変化を遂げるのに伴い、商人資本主義は、一九・二〇世紀にその重要性を飛躍的に高めた。とくに二〇世紀における大衆消費のダイナミックな発展により、高い利益をもたらす新たなチャンスが生み出された。デパートやディスカウントショップ、そして今日の大規模な小売業コンツェルンやチェーン店に至るまで、多くの人々の暮らしがこれとともに変わった。ただし、すでに一八世紀に確立し、そして、まずは銀行や証券取引所、保険会社、後には投資会社や投資信託会社のような重要な諸機関の形で多様に分化し拡大していった金融資本主義なしでは、こうした発展はほとんど進まなかったろう。この金融資本主義は二〇世紀末から二一世紀初めにかけて途方もない拡大をとげ、二〇〇八年の国際的金融危機・経済危機の決定的要因ともなった。しかし、一八〇〇年以後の世界で真に革命的で新しかったのは工業化であり、それが資本主義に深甚な変化をもたらした。工業資本主義として、それは新たな質を獲得したのである。[1]

「工業化」とは、以下の三つの発展――それらは互いに連動している――を核とする複雑で多大な影響をもった変化のプロセスである。第一に、一八世紀における蒸気機関の開発や紡績・織布の機械化に始まり、二〇世紀末から二一世紀初めにかけての生産と通信のデジタル化にまで至る技術上・組織上の革新。第二に、新たなエネルギー源の大量利用（まず石炭、後にさまざまな源泉からの電力、さらに石油、原子力、そして再生可能エネルギー）。それは、人間と自然との関係を根本的に変え、そして脅かしてきた。第三に、分業を組み入れた製造施設としての工場の普及。そこでは、それ以前の家内工業システムと異なって生産が一ヶ所に集中され、また手工業経営と異なって原動機と作業機が用いられ、さらに経営と実際の生産活動が明確に区別された。絶えず加速するこの革新の過程の主舞台となったのは工業化が進む製造業だったが、しかしそれはただちに農業（新たな耕作法、施肥、機械化）および交通（鉄道や蒸気船から航空輸送、そして、陸海空の運輸および通信などの諸領域が複雑に結びつき相互に依存する今日の運輸システムにまで至る、新たな種類の移動手段への新たなエネ

（1）概観として、Stearns 1993; Buchheim 1994; Osterhammel 2009, 909-957.

ルギー・原動機の利用）、通信の領域（一九世紀半ばの電報からインターネット、ニューメディアまで）、そしてやや遅れてさまざまな公私の管理業務――それは、ますます多様に分化する全社会的な分業のなかで、群を抜いて拡大していった――にまで影響をおよぼした。これらすべてが、あらゆる生産要素の生産性のかつてない向上につながった。人間の労働も例外ではなく、それはますます熟練度を高めるとともに、より密度を増し、厳しい規律の下におかれた。

経済全体の成長は、不均等かつ景気変動の波を伴うものではあったが、しかし、人口の増大にもかかわらず、一人あたりの数値でも持続的だった。とりわけ生活状態が抜本的に改善し――改善のほとんどは、欠乏と困窮がかえって悪化した不安定な初期段階より後のことである――、それは、実質所得の上昇や、広範囲の人々の食料事情の大幅な改善、健康の増進と寿命の伸び、そしてまた、日常生活における選択肢の増加に見てとれる。工業化と都市化が、どこでも相伴って進んだ。工業化とともに農業従事者の比率は低下し、製造業・工業部門、そして「第三次」部門（とくに商業・サービス業）の下位に沈んだ。二〇世紀後半になると、先進諸国では、相対的に縮小する製造業・工業部門を第三次部門が抜き去った。したがって、世界の若干の地域に関しては、「ポスト工業」社会について語ることにも一定の説得力がある。

工業化は、まず一八世紀後半のイギリスで始まり、次いで一九世紀前半ないし同世紀の第二三半期以降、ヨーロッパ大陸および北米の大部分を捉え、さらに東欧・南欧にも一部およんでいった。アジアで工業化が始まったのはまず日本においてであり、それは一九世紀末のことである。二〇世紀後半にはアジアの大半の地域、とくに東南アジアが、そして一九八〇年代には急速な勢いで中国がこれに続いた。国全体が工業化することは稀であり、通常は個々の地域に限られていた。工業化が進んだ時期により、また経済的・社会的・政治的・文化的諸条件によって、工業化のプロセスはさまざまな国・地域で大きく異なっていた。市場と競争を通じ、相互の観察と知識の移転を通じ、また模倣・回避・適応の諸戦略によって工業化が相互に影響しあっていたことは確かだが、しかしイギリスや、それ以外の早期に工業化した合衆国やドイツのような諸国をモデルとした単なる引き写しなど、どこにもなかった。工業化を豊かさへのただ一つの道と見ることは的外れだが、しかし、工業化の進んだ地域とそうでない地域との間の豊かさのギャップは、ヨーロッパ内でも世界全体で見ても、この二〇〇年ほどのあいだに途方もなく拡大した。豊かさの遅れを取り返すことは、通常、何らかの形の工業化によってのみ可能だった。(2) 工業化は基本的に社会経済的な転換ではあるが、同時にそれは、生活のほとんどすべての領域に影響をおよぼし、短期間の内に世界を劇的に変えた。何人かの著作家は、「文書に記録された世界史のなかで、最も根本的な人間の生活の転換」（ホブズボーム）、あるいは「新石器時代の定住以来の人類史における最も重要な画期」（チポラ）などとこれ

（2）　欧米における工業化と、中国、インド、アフリカにおける工業化の頓挫との複雑な関連について、Osterhammel 2009, 943 f.; Cooper 2009（esp. 47: 資本主義に対するアフリカの抵抗）; Inikori 2002; 十九世紀におけるヨーロッパ域内の格差について、Berend 2013a, 462 ff.

化との関連はどこにあるのだろう。

まず、工業化が始まったとき、資本主義はすでに長い歴史をもっていた。世界中に広がった商人ないし商業資本主義は、それがプロト工業に拡大した形であっても、本格的な工業化には必ずしもつながらなかった。このことを示す例はいくつもある。逆に、ソビエト連邦の例は、非資本主義的な形でも工業化が進みうることを示している。「資本主義」と「工業化」の概念は異なるメルクマールによって規定されるのであり、両者を明確に区別することが適切である。

他方、一九・二〇世紀に工業化の躍進に成功したところではどこでも、前工業時代の商業・製造業における資本主義の伝統が存在する場合、それが大きな促進要因となった。一九世紀には、工業化はどこでも資本主義的構造のなかで進んだ。一九一七年から一九九一年まで、共産主義の旗印の下で中央集権的統制経済というオルタナティブ・モデルが試されたが、それは劣位を明らかにした。[4]中国の急速な工業化が本格化したのも、党指導部が徐々に政治的コントロールを緩め、資本主義の諸原理を導入することを決めてからのことである。明らかに、資本主義と工業化のあいだには明確な親和性が存在した（今も存在する）。すなわち、いずれにとっても投資が決定的に重要である。絶えず新たなプロジェクトを求め、つねに新たな情勢に関わっていくことが工業化の本性を成す。そのためには、市場から得られるヒントとフィードバックがかけがえのないものだった（今でもそうである）。きわめて多くの企業に決定が散らばる分権的構造が、工業化にとって不可欠であることが示されてきた。長期的に成功しうる工業化は、これまでのところ資本主義を前提としている。

最後に、工業化は資本主義を変えた。それは、（一）契約にもとづく賃労働を大量現象にした。これによって初めて、資本主義的商品形態が——労働力と賃金との交換という形で——完全かつ大量に人間に適用された。労使関係が資本主義的になった。つまりそれは、変動する労働市場に依存し、資本主義的目的のための厳格な計算に服し、雇用主と経営者による直接の監督の対象となった。資本主義に内在する階級対立がこれによって表面化し、支配と分配をめぐる闘争として目に見え批判しうるものとなり、社会的動員の基礎として働くようになった。
（二）工場、鉱山、新たな運輸システム、機械化、製造施設の拡大とともに、固定資本の蓄積がかつてない規模に達した。数の上では現在でも支配的な中小経営と並んで大企業が現れ、企業の合併が進められた。これに伴い、収益性のより正確なコントロールの必要が増し、企業構造を根本的にシステマティックなものとする動きが——現実にはかなりの限定をともないつつも——進んだ。市場原理と並び、またこれと結びつきつつ、分業の基礎の上に計画的に組み立てられたヒエラルキー

（3） Hobsbawm 1999, xi; Cipolla 1976, 10; Cipolla 1973. 工業化についてのほとんどの概説的研究は「資本主義」という言葉をほとんど使っておらず、使うとしても周辺的にでしかない。Stearns 1993; Buchheim 1994; Teich/Porter 1996; Landes 1998 を参照。
（4） Kornai 1992 を参照。

的な組織が、資本主義の要素として定着した。

（三）工業資本主義においては、技術上・組織上の革新が、工業化以前の資本主義のさまざまなタイプとは比較にならないほど重要になった。イノベーションが速度を増した。シュンペーターは「創造的破壊」を資本主義経済の中核を成す要素として分析したが、実際のところ資本主義経済は、工業資本主義の出現とともに初めてそうした性格のものになったのである。紡績と織布におけるプロト工業的家内工業に工場が取って代わった。蒸気船が、曳き船や河川・運河輸送のその他の伝統的諸形態におきかわった。電灯の供給会社がガス灯会社に速やかに勝利した。その百年後には、タイプライターの製造業者がコンピュータに市場を奪われた。これらのことすべてが、進取の気性に富んだ企業家、そして彼らが雇う者に成功と収入の新たなチャンスを開いた。消費者もたいていはそこから利益を得たが、しかし、損失を被る者も多かった。「生産の持続的な革新、社会状態の絶え間ない動揺、永続的な不確実性と運動が、ブルジョアの時代を他のすべての時代から区別する」[5]。このことが、たとえば一八七三年、一九二九年、そして二〇〇八年に起こったような、幾度となく訪れる恐慌に際してとりわけ明確に示されたように、資本主義の不人気、何度もくり返されたその正当性の否定につながった。

（四）これらの恐慌はほとんどの場合、過度の投機、金融部門の誤った動きから生じたのであるが、しかしそれは「実体経済」にも影響をおよぼした。恐慌は、少数の投機家だけでなく広範な層の人々の生活を脅かし、深刻な社会的・政治的動揺をもたらした。この点で恐慌は、工業化の時代ににおける資本主義とそれ以前の諸種の資本主義とのさらなる違いを明確に示している。すなわち、それに先立つ数世紀のあいだ、資本主義は大海の小島にすぎず、非資本主義的な構造・メンタリティのなかに埋め込まれた存在だったのに対し、今やそれは経済の支配的な調整メカニズムとなり、同時に、社会・文化・政治に強い影響をおよぼすようになったのである(6)。

一八〇〇年という時代の境目に至るまで、資本主義は北西ヨーロッパのわずかな地域でのみ十全な発展を遂げた。その後、工業化によってダイナミックな力を得た資本主義は、一九世紀、そしてとくに二〇世紀にグローバルな広がりを示した。このことは、すでに述べたように、新たな国々や地域、とくに東アジアに絶えずそれが浸透していったことに示されるだけではない。それは、資本主義的な交換プロセスが国や大陸の境を越えてますます相互依存を強めていったこと、つまり資本主義のグローバル化の進展にも表れている。グローバル化はそれ自体としては何ら新しい現象ではなく、前章で示したように、端緒的にはすでに何百年も前から観察しうるものである。しかし、一八六〇年代から一九一四年にかけて、そして一九七〇年代以来再度、さらにとりわけ一九九〇年以降に、グローバル化が大きく加速した時期を確認しうる。このグローバル化のペースの加速は、世界交易の拡大、世界のさまざまな地域間における商品価格の一定の収斂《しゅうれん》、世界的な金融取引の急速

(5) マルクス/エンゲルス『共産党宣言』: *MEW* IV, 465.
(6) 諸恐慌について、Spree 2011; Plumpe 2010.

な拡大、広範囲におよぶ多国籍企業の発展、国境を越える労働移民の増大、そして、恐慌のグローバルな広がりに見てとれる。グローバル化は経済現象にとどまらない。むしろそれは、通信・政治・文化の諸領域における国境を越えたつながりとして生じている。しかし資本主義は、グローバル化の重要な推進力の一つであるだけではない。資本主義がつねに国境を越えて展開するわけではなく、あるいは国民国家から、それがかつて有していた重要性を失わせるものでは必ずしもないとしても、資本主義は、グローバル化がそこで展開する場でもある(7)。

二　オーナー資本主義から経営者資本主義へ

分析の上では、工業資本主義のすべてのバリエーションにとって、資本・労働関係が中心的な意味をもつ（本書三〇―三二頁を参照）。歴史のなかでは、それはきわめて多様な形をとった。そしてこの多様性をもたらした要因の一つは、ここ二〇〇年における企業の構造と戦略の根本的な変化だった。

資本家と企業家を概念上区別することが必要である。資本家は資金を用意し、それをどこで、そして何のために用いるかを基本的に決定する。それに伴うリスクを資本家は引き受け、そこから生じる利益を受け取る。一方、企業家の中心的責任は企業のマネジメントであり、そのために、企業の個々の諸目的、市場でのポジション、企業内部の構造、そして労働力の投入についても決定を下す。[8]

工業化の最初の段階、産業革命と呼ばれることもあるこの段階では、典型的には資本家と企業家の役割を、企業のトップにいる同一人が兼ねていた。彼――たいていは男性だが女性の企業家もいた――は企業の所有者であり経営者でもある。彼は普通、自身の蓄え、個人的な貸し付け、より稀ではあるが銀行からの借り入れ、そして、場合によっては共同出資者を得て資金を調達し、自身の全財産を以て責任を負う。一〇〇人か二〇〇人の労働者を擁する機械紡績・織布業のような本格的な工場の場合でも、当時の企業はほとんどが個人ないし共同経営の形をとっていた。企業の全体を見渡すことが可能であり、包括的な権限を有する「一城の主（Herr im Haus）」と自身を好んで考えていた所有者＝企業家がこれを掌握していた。ボスが同時に資本家であり企業家でもあるということは、彼の正当性に有利に働いた。企業家による主導権の行使は、資本家としての彼が最終的に負うべきリスクによって正当化され、資本家による利益取得の要求は、企業家としての彼の仕事の成功に見合うものとして正当化されえた。

工業化初期段階の企業家はほとんどどこでも、とくに自身の親族を通じて社会的ミリュー（環境）と密接につながっていた。創業資金はしばしば家族や親戚の間から集められた。国際的な銀行家ロ

（7） Osterhammel/Petersson 2007; Findlay/O'Rourke 2007; Mann IV 2013, 1-12.
（8） Redlich 1964, 97 ff.

スチャイルド家の歴史、ベルリン、ロンドン、ペテルスブルクに会社を創立した際のジーメンス兄弟の密接な協力、あるいは英国およびアメリカ合衆国（リヴァプール、ニューヨーク、フィラデルフィア、ボルチモア）におかれた大商店のネットワークにおけるブラウン家の役割。これらは、企業家一族のつながりが一九世紀の第二三半期に、経営上の諸問題の解決、国境を越えた業務提携の創出、関連する社会的ミリューとのネットワークづくりのためにどのように用いられたかを典型的に示している。親族は、市場での成功の前提条件であり手段でもあった。経済的・文化的資本は、親族の内部で引き継がれた。同族企業はしばしば相続の結果として生まれ、そのことがめざされてもいた。明らかにこのような期待が、多くのオーナー企業家に未来志向の投資を促した。だいたいにおいて彼らは――典型的には男性であり女性は稀だった――エネルギッシュで、冷静に計算し、自身の利益をしゃにむに押し通す人々だった。競争相手を出し抜き、労働者を利用しつくす術《すべ》を、彼らはよく心得ていた。しかし、親族の密接なつながりは、彼らの努力、競争相手との闘い、場合によっては労働者の搾取にも、単なる利益動機を越えた追加的な意味を与えた。利益動機がいかに絶対視されていなかったかは、つぎのような事態に示されている。すなわち、銀行や証券取引所の助けを借りて資本金を大幅に増額すると事業に対する一族のコントロールが脅かされかねない、と考えられると、同族企業はあえて事業の拡大を断念した。もっとも、非経済的なプライオリティーからするこのような決断は、市場の強制によって制約された。意図してダイナミズムを避ける者は、事業の存立を容易に危機にさらす。(9) 落後しないためには前進するしかない。持続的なイノベーションを伴うこの競争システムの下では、現状のたんなる維持は許されないか、あるいは狭い限界のなかでしか許されなかった。

工業化の過程における親族とビジネスの結びつきを考えれば、資本主義が、それが破壊した以前のものを、まったく新たな社会制度にすげ替えたわけではないことが分かるだろう。長い移行期の間に資本主義は、それがもたらした社会関係をそれ以前のものと融合させ、古い構造のなかに根を張り、長い時間をかけてそれを変化させたのである。この意味で資本主義は、革命的とはまったく言いがたい仕方で働いてきたのであり、現在もそうであり続けている。それは、さまざまな所与の社会的現実に適応する。工業資本主義が今日までさまざまな姿をとって現れてきたのは、このためである。

親族と企業との密接な結びつきは、今もなお頻繁に見られる。とくに、至るところで今日でも企業の多数を占め、新たな創業によってつねに補充されている中小企業（「中間層」的企業）ではそうである。はるか以前に合名会社から株式会社に転換し、あるいは最初から株式会社として設立された大企業の経営指導部においてさえ、創業者およびオーナー一族の影響は、二〇世紀後半において

（9） 同族企業ジーメンスと経営者企業ＡＥＧの間の競争を事例とした分析として、Kocka 1972; 親族とビジネスの関係について、Chandler 1977, 28 ff.; Kocka 1979; Ferguson 1999（ロスチャイルドについて）; James 2006; Budde 2011a; Sabean 2011.

もしばしばかなりのものであり続けた。この点は、とくに英国と日本で顕著である。(10) しかし、全体として見れば、株式ないし出資分を基礎とする資本会社（あるいは同種の有限責任会社）の形を通常とり、拡大を続ける大企業・巨大企業の領域では、経営者資本主義が貫徹した。つまり、有限責任のみを負う雇われ企業家（「経営者」）の手に経営機能が移り、資本家機能と企業家機能の一定の分離が現れたのである。もっとも、すでに述べたように、オーナー一族と経営者との協働という混合形態も頻繁かつ持続的だったのではあるが。いずれにせよ、完全に発達した経営者資本主義でも、資本の所有者が企業の基本的諸決定に影響をおよぼしているのは確かであり、資本所有があまり分散せず、戦略的ポジションが若干の人間の手に集中している場合はとくにそうである。経営者資本主義への道を主導したのはドイツと合衆国、さらに、独自のスタイルではあるが日本である。その推進力は、成長、資金の必要、そして、可能な限り効率的な、より大きな組織を形成しようとする志向だった。

　ドイツの電気機械工業企業ジーメンスは、一八五四年に国内で九〇人を雇用していたが、その数は一八七四年に六五〇人、一八九四年に四〇〇〇人弱、そして一九一四年には少なくとも五万七〇〇〇人に達した。ドイツ最大の企業――クルップ――は、一八八七年に二万人、一九〇七年には六万四〇〇〇人、また、ティッセンを基礎とする合同製鋼（Vereinigte Stahlwerk）は一九二七年に二〇万人、アメリカ最大の企業U・S・スティールは、一九〇一年に少なくとも一〇万人、一九二九年には四四万人の従業員を擁していた。一九六〇年代末になると、ジーメンスでは世界全体で二七万人、ドイツ銀行では三万人の労働者と職員が働き、二〇一〇年にその数は、それぞれ三七万人、九万八〇〇〇人に増大した。同じ年にドイツポスト（郵便）は四二万五〇〇〇人、ジーメンスは四〇万五〇〇〇人で、ドイツ国内のランクではトップに位置していたが、世界全体ではそれぞれ一一位、一三位に留まっている。世界の大企業リストのトップに位置したのは小売業コングロマリットのウォルマート（従業員数二一〇万）と中国石油天然気集団（China National Petroleum. 従業員数一六五万）である。このような途方もない従業員数の増加の背後には、きわめてさまざまな出来事——国内での成長に加えて、とくに企業の合併——があり、そしてさまざまな目的があった。たとえば「規模の経済（economies of scale）」の利用、つまり、技術・販売条件の変化（大量生産と大衆市場）の下で販売と利益獲得の機会を捉えること。あるいは、たとえビジネスの上では採算がとれないとしても、さらなる拡大を追求し、これによって富と名声と権力を追求すること。拡大はまたしばしば、防御的な動機にもよっていた。アグレッシブな競争の下で、謙譲は容易に没落につながるからである。

工業化の最初の段階では、最も費用のかかる企業でも、そう巨額ではない資本金でやっていけた。

（10） 一九五〇年に、イギリスの大企業一〇〇社のうち半数が親族によってコントロールされていたと見られる（一九七〇年には三分の一のみとなる）。この点、そして、日本の大企業（財閥と系列）における親族の影響力について、Blackford 2008, 205-216.

たとえば一八五〇年代のドイツの鉱業では一〇〇万から二〇〇万マルク、せいぜい三〇〇万マルクというところである。他の諸部門の工場、とくにこの時期における最大の製造業である繊維部門の資本金は、例外なくはるかに少なかった。しかしその後、一八八七年から一九二七年の間に、ドイツの最も大きな企業一〇〇社の平均資本金は九四〇万マルクから五九〇〇万マルクに上昇した。U・S・スティールの資本金は、一九〇一年に一四〇億ドルだった。ドイツ銀行の自己資本は、一九七〇年にはまだ一四億マルクだったが、二〇一〇年にはすでに四九〇億ユーロにのぼっている。同じ年、ジーメンスの自己資本は二八〇億ユーロだった。このような金額は、個々のオーナー一族が対応できる範囲を超えたし、今も超えている。資本市場を通じた資金の調達、そして、それとともに資本会社（Kapitalgesellschaft/joint-stock company）という組織形態が必須になった。

比較的早く工業化を開始したヨーロッパおよび北米の諸国で一九世紀の最終四半期および二〇世紀最初の数十年に起こったことを、「第二次産業革命」と呼ぶことがある。具体的には、電気機械・化学・自動車製造という「新産業」の目を見張る発展、エネルギー源としての石油利用の開始、そして工業生産における技術・科学の重要性の巨大な高まりを指すが、しかしそれは、カルテルや企業連合、持株会社やコンツェルンという形での包括的な提携による資本の集中をも指している。これらの提携は、部分的には一八七〇年代における不況への対応として、競争の制限、あるいはその排除をさえ図ろうとするものだった。こうした動きを牽引したのは、たとえばスタンダード・オイル・オブ・ニュージャージー（一八七〇年創業）の創業者であるジョン・D・ロックフェラー、あるいは、ゲルゼンキルヒェン鉱業の総支配人で、一八九三年に成立したライン・ヴェストファーレン石炭シンジケートの立案者でもあったエミール・キルドルフなどである。こうした動きは、しばしば大銀行の支援を得て進められた。かつてと異なり大銀行は、工業に多額の投資を行い、個々の工業企業家と密接に協働した。その際、株式の保有や取締役会への相互の代表派遣を通じた連携が有効な手段となり、工業資本と銀行資本の密なネットワークが形成されたのであるが、ただし——しばしばそう考えられるのとは異なり——一方による他方の支配というような形にはならなかった。

やがて、少数の大実業家への権力と富のかつてないほどの集中が生じた。とくに合衆国でそれが顕著であり、たとえばロックフェラー——約三三〇〇億ドル（二〇〇八年当時の価額）の資産をもつ世界最大の富豪——、カーネギー、ヴァンダービルト、デューク、スタンフォードなどの人々は、すでに当時「泥棒男爵（robber barons）」という批判的・論争的なレッテルを貼られていた。これら大企業のいくつかは、たとえば一九〇二年創業のブリティッシュ・アメリカン・タバコのように、国境を越えたビジネスに集中し、多国籍的構造を築いた。大企業のほとんどは、諸機能を高度に統合し、製品を多様化した。つまり、原材料の供給・生産・加工・販売という諸機能の一部あるいはすべてが一企業の内部に結合され、同時に、きわめて多様な製品が生産され、サービスが提供された。こうして、かつてはそれぞれが高度に専門化し、市場での関係を通じて結びついていた諸企業によって行われていたものが、組織上の手段によって統合されたのである。

結果として、きわめて複雑で、システマティックに編成され、入念に調整された巨大な構造が成立した。そしてその経営陣は、ますます大卒の専門的な経営者が占めるようになった。一九世紀末から二〇世紀初めにかけて、この企業構造は垂直的に統合され、集権化され、きわめてヒエラルキー的だったが、一九四五年以後、欧米ではむしろ分権的で、半ば自律的な諸単位の連合という形をとるようになった。全体として、ここに見られるのは資本主義の根本的な形態変化である。かつて支配的だった市場メカニズムを通じた調整が、以前よりはるかに強く、組織的な、半ば政治的とも言いうるような手段を用いた調整によって補完されるようになった。「組織された資本主義」と呼ばれてきたものがこれである。そこではしかし、同盟と独占のあらゆる傾向にもかかわらず、巨大企業の間でも厳しい競争が続けられ、互いにその存立を脅かすことさえあった。大企業は、はるかに数の多い中小企業と比べてどこでも少数者のままだったが、しかしその重みは巨大だった。一九六二年にアメリカ最大の工業企業五〇社によってこの国の製造業・工業資本の三分の一以上が、五〇〇社によって三分の二以上が占められていた。ついでながらこれらの企業の経営者は、一切の例外なしに、白人の、主としてプロテスタントの、そして（少なくとも）中間層の出自をもち、（少なくとも）単科大学の学位をもつ男性だった。(11)

経営者資本主義の発展には、大きな期待と大きな懸念が伴ってきた。もっとも、期待と懸念はいずれも、普通は誇張されたものであることが明らかになったのだが。

経営者資本主義が——それが可能にする所有の分散と、経営陣の人選にとっての所有の重要性の低下により——少しばかりの民主化を生み出すのではないかと期待された。株式保有の分散、少額の投資家にとっても高まる株式保有の魅力、生活のリスクに対する保障および老後の備えにおいて株式保有がもつ重要性の上昇。一方ではこれらが資本主義の社会への定着を顕著に強め、広範なものとした。それらは多くの人々の生活を、以前よりはっきりと資本主義経済の浮き沈みに結びつけた。たとえば、金融市場の最大のアクターの一つである年金基金を通じた老後の備えの広がりを考えればよかろう。「生産手段の所有」という基準は経営陣の人選・昇進にとっての重要性を減じ、オーナー企業家の典型的なキャリアパスと経営者のそれとは別物になっている。しかし、経済的力の要塞への入り口は、全体としてはほとんど広がっていない。皿洗いから百万長者への上昇は例外的なままである。世代間の地位の継承が高い比率を示すのは、経営者資本主義に独自な選抜プロセスにもよっている。つまりそこでは、学校および実社会で得られるトレーニングに加え、出自を通して得られる文化資本、そしてこれと結びつくネットワーク関係が重視されるのである。

逆に、経営者の地位の上昇とともに、企業の上層部で無責任な行動が増すのではないかとの懸念ももたれた。雇われ企業家は、失敗した場合でも自身の経済的・社会的存在すべてを以て贖《あがな》うことを強いられることはもはやなく、また逆に、企業が成功したとしても、そこから個人として得られ

(11) すぐれた概観として、Blackford 2008 (p. 200 に合衆国についての数値がある); Chandler 1977 and 1990; Folsom/McDonald 2010; Kocka 1978, 555-589. 従来の研究に修正を加える最近の研究として、Hannah 2013. 「組織された資本主義」(この概念はR・ヒルファーディングによる) について、Winkler 1974.

る利益も限られたものでしかないからである。(12) 最近われわれが経験した、今日の金融資本主義における「構造化された無責任」の経験に照らせば、経営者資本主義の古典的時代(欧米では一九七〇・八〇年代まで)に、なぜこのような懸念が全体として現実のものとならなかったのか、その理由を理解することが重要である。まず、資本持ち分を含め、経営者の収入のうち企業の成功に依存する部分の存在がその一因となった。他方、この職業集団の間でプロとしての姿勢が、それに照応する社会的な相互コントロールのメカニズムと相俟《あいま》って発達した。しかし、とりわけ重要なのは、企業間の移動の増大にもかかわらず、雇われ企業家(つまり経営者)の成功と失敗が、彼ら自身にとっても他の構成員にとっても、特定の企業――「彼らの」企業――の成功と失敗と明確に結びつきつづけてきたことである。これこそが決定的だった(そして、今日の金融市場資本主義においては、この点が違ってしまっている)。一九〇〇年頃、エミール・ラーテナウという人物が、彼が経営者として指揮を執るAEGと自身を一体視していたその程度は、ジーメンスの創業者の息子であるヴィルヘルムが、株式会社となってもなお一族がコントロールする「彼の」伝統的企業と自身を一体視していた程度と比べて、さほど小さくはなかった。

全体として見れば、経営者はしかし、オーナー企業家と比べて経済外的な、たとえば親族と関連する要因の顧慮によって影響されること、そして制約されることがより少なかった。そのため、経営者資本主義の雇われ企業家の間では、産業革命期のオーナー企業の場合より純粋に経済的動機が貫徹した。全体として彼らは後者よりダイナミックに決断し、拡大志向の行動をとることができた

と言えよう。(13)

三　金融化

経済行為が社会的文脈から切り離される傾向、利益と成長への集中とそれ以外の目標に対する無関心。経営者資本主義にすでに内在しつつも絶対化されてはいなかった資本主義のこのような自己目的性は、「金融化」、すなわち金融市場資本主義、金融資本主義、あるいは投資家資本主義のここ数十年における発展とともに、システムに新たな質を与え、今日なお未解決のいくつもの新たな挑戦の前にそれを立たせるほどのレベルにまで達した。金融資本主義とは、生産および財の交換には関わらず、とくにマネーをもってなされ、両替商やブローカー、銀行、証券取引所、投資家、そして資本市場によって営まれるビジネスの謂いであり、先に見たように（本書五二、七二頁以下）はるか以前からの現象である。しかし一九七〇年代以来、以下三つの点で新たな事態が生じている。

（一）国際的な通貨調整のためのブレトンウッズ体制の終焉、一九七〇年代の石油価格の急上昇、規制緩和の開始、若干の欧米諸国における一定の脱工業化と関連しつつ、金融部門が急速に拡大し、

(12)　このような議論は、Sinn 2009, 81-85 で再度なされている。
(13)　二つの古典的研究として、Berle/Means 1932; Burnham 1941. Kocka 1983 も参照。

その重要性が急速に高まった。それはとくにイギリスと合衆国で顕著であり、両国では、総生産高中の金融部門の比率が一九五〇年代の約二%から二〇〇八年には八〜九%に上昇した。銀行の保有資産額は、まさに爆発的に上昇した。国境を越える資金移動が世界全体の生産高中に占める比率は、一九八〇年代の四%から二〇〇〇年には一三%、二〇〇七年には二〇%に膨らんだ。この上昇の多くは、産油国および新興国(中国、東南アジア、インド、ブラジル)からヨーロッパおよび北米への資金移動によるものだった。しかし、先進工業諸国からの国外投資も活況を呈し、その際、金融と保険がその最大の恩恵を被った。投資家ジョージ・ソロスは一九九八年にこう書いている。「このシステムは金融資本にきわめて好都合にできている。資本は自由に自分の行き先を決める。[…]それは、巨大な循環装置と思えばよい。[…]金融資本を運転席においたのは市場原理主義だ」。欧州中央銀行の長年のチーフ・エコノミスト、ユルゲン・スタークは二〇一一年に、金融部門は経済に対する補助の役割をとうに離れ、あまりに大きく、そして自己中心的になった、と断じている。イギリスと合衆国で始まり、しかしまもなく国際的広がりを示した「新自由主義」の規制緩和政策がこうした流れを著しく強め、加えて言えば、銀行家の利益の法外な上昇にもつながった。金融部門のブームに乗るために、GM(ゼネラルモーターズ)やGE(ゼネラルエレクトリック)のような大規模な工業企業は自身で金融サービス部門を設置し、それがまもなく中核事業を上回る利益をあげるようになった。投資銀行、投資ファンド、証券取引所外のプライベート・エクイティ(未公開株)会社、その他の資本投資・保有会社が多数出現した。「金融化」と言う言葉が人口に膾炙《かいしや》するようになった。

資本の動きの大きな部分が、生産のための投資ではなく、投機に——両者を明確に分けるのはしばしば困難だが——向かった（今も向かっている）。価値の創造と照応しない巨額の利益が獲得された。きわめて高い利益への期待とともに、大きなリスクをとる用意が高まった。もちろん、金融部門と言ってもそれ自体多様である。市営の貯蓄銀行や協同組合銀行は、攻撃的なヘッジファンドと比べて、伝統的な銀行業務により大きな比重をおきつづけた。一方後者は、利益を上げている企業を「イナゴ」（フランツ・ミュンテフェリング——ドイツ社会民主党の元党首——の言葉）のように買収し、「合理化」し、利用しつくし、分割し、それを再度売って利益をあげ、別の企業に移る。歴史学者イヴァン・ベレンドがつぎのように記しているのは正しい。「堅実な銀行業のモラルは、制度への信頼と一緒に失われてしまった。ビジネスに対する堅実な姿勢にギャンブルが取って代わり、利益とリスクのいずれをも高めた。二一世紀の最初の何年かに、ブームは頂点に達した」。いずれにせよ資本主義のこの部分は、自身のなすがままに任され、激しい競争に駆り立てられ、実体経済や社会への埋め込みからほとんど切り離されて、一般に受け入れられるビジネスのルールを開発し実行する能力をもたないことを示した。[14] 投機的取引の数学化・デジタル化は、マネーの管理者が駆り

(14) James 2016, esp. 153–156（数値）; Berend 2013b, 6（引用箇所）, 60–80; Soros 1998, xii, xx; Maier 2007（「イナゴ」）. 全体にわたって、Atack/Neal 2009.

立てる者として行動するだけでなく、自身の技術およびますます激化する競争に囚われて、しだいに駆り立てられる者ともなるような経済をもたらした[15]。

（二）信用と、したがって債務とが、資本主義を最初から特徴づけてきた。しかし、二〇世紀の最終四半期および二一世紀の最初の一〇年に、多くの諸国および部門で負債増の傾向が法外に強まった。二〇〇八年の国際的金融危機に際して、銀行救済のために諸国の政府が巨額の債務引き受けを再度強いられるよりはるか以前から、政府の債務比率は上昇していた。ドイツ政府の債務残高比率（国内総生産に占める比率）は一九五〇年代初めから一九七五年までは一六〜二四％の間で推移していたが、一九八五年には四一％、一九九五年には五六％、二〇〇五年には六九％、二〇一一年には八一％にまで上昇した。フランスの同じ数値は、一六％（一九七五年）、三一％（一九八五年）、五五％（一九九五年）、六七％（二〇〇五年）、八六％（二〇一一年）である。スウェーデンでは一九七五年の二八％から二〇〇五年には五〇％に、合衆国では三三％から六八％に、ブラジルでは三〇％から六九％に、日本では二四％から一八六％に上昇した[16]。第二の例として、一九三〇年に五％弱だったアメリカ人（個人家計）の貯蓄率は、一九八〇年代初めには一〇％を上回っていたが、二〇〇五〜二〇〇七年にはゼロに下落した（二〇一三年には二％）。第三の例として、アメリカおよびヨーロッパの多くの銀行の平均自己資本比率は、二〇世紀初めには総資産の約二五％だったが、最近の危機に先立つ時期には一〇％を下回り、しばしば五％未満、時には一％にさえ達しないこともあった。残る部分の大半は外部の資本、つまり「債務」から成っていた[17]。

これら三つの現象のいずれもがきわめて複雑で、さまざまな原因をもっている。一つには、自己規制のための確かなメカニズムを今のところもたず、問題の解決を将来に先送りしてしまう政府の政策の特性。いま一つは、一九五〇年代以降における消費資本主義の急速な発展。後者によって、広範な人々による資本主義の受容が確かなものになったが、しかし同時に、人を惹《ひ》きつける販売戦略や絶え間ない需要の喚起、信用供与の誘惑により、人々が自身の収入以上の生活をする傾向が煽《あお》られた。最後に、多額の収益を再投資するのでなく、株主や経営者への分配を優先した銀行内部の意志決定構造。

しかし、一般的レベルで言えば、右の三つの形の負債すべては、ラルフ・ダーレンドルフが二〇〇九年に「貯蓄資本主義」から「借金資本主義（pump capitalism）」への問題を孕《はら》んだ移行として描いた同じ一つの変化を示すものと理解しうる。資本主義に内在する、貯蓄、つまり報酬を将来に先送りすることの必要と、同様にこのシステムに内在する、現時点での消費のための支出の必要との間の緊張は、すでに一九七六年にダニエル・ベルが分析したところである。その後、この矛盾はさ

（15）ロバート・ハリスの小説『恐怖のインデックス』での鮮やか、かつ極端な形での叙述。Harris 2012, esp. 81-113; Vogl 2010/2011, 83-144; 自伝の形で、Anderson 2008.
（16）http://www.imf.org/external/pubs/ft/wp/2010/data/wp10245.zip（1.6.2013 閲覧）.
（17）Deutsche Bundesbank 1976, 4, 313; Sinn 2009, 32-35, 155-157.

らに強まった。金融化の時代に資本主義を不安定化する持続的な原因、未解決の危機の核心、そしてさらには現在の比較的豊かな諸国における文化と政治の根本問題。こうしたことが、まさに問題なのである(18)。

(三)大企業のトップにおける権力関係と意志決定プロセスも、ここ数年、そして数十年の間に、経営者資本主義から金融資本主義ないし投資家資本主義の方向に変化した。一九八〇年代まで大企業の間で明らかに支配的だった経営者企業では、取締役会、重役会、あるいはCEOさえ、とくに業績が順調なときは、所有者の利害に対してかなりの自律性を有していた。一つには、生産、流通、あるいはサービス業の企業としばしば密接かつ長期的な関係をもつ銀行が、こうした自律性が確保されるよう配慮した。銀行は、短期的利益より企業の長期的成功に関心をもち、とくに信用供与を通じて、株主の利害と対立する場合でも経営陣をバックアップしたのである(とくにドイツや日本で)。あるいは、企業の所有権が多数の中小の株主に分散していたために、企業の取締役会は比較的強い独立性を保持することができた。このような株主は、多数に分かれているがために共同して企業のトップに挑戦しうる状況にはほとんどなく、利益引き上げの可能性が最後まで利用されつくしてはいなかったとしても、投資に対する十分なリターンがあればそれで満足した(とくに合衆国で)。いずれの場合も、企業の経営陣が、あげられた利益の大きな部分を所有者に分配するより再投資に向ける可能性が大きくなる。そしてこのことが、資本市場に対する彼らの相対的自律性をさらに強めたのである。

資産運用会社（とくに大規模な投資・年金ファンド）、そして、投資銀行業務に特化し、ますますアグレッシブになる金融企業の発展とともに変化が現れた。これらの企業は、投資家や預金者の獲得をめぐって激しく争い、有利な利子や将来得られるであろう利益への取り分を約束する。これらの企業の業績は少数の指標で表示され、きわめて透明性が高い。わずかな相違でさえ、投資家・預金者をめぐる競争において重要性をもつ。投資家・貯蓄家の資産をこれらの企業は有力な証券にまとめ、所有者としての利害（「株主価値（shareholder value）」）を自身のものとすることを約束し、企業の経営陣に対して強硬かつ執拗に、専門家としてその利害を代弁するのである[19]。

オーナー資本主義あるいは経営者資本主義が明確なモデルだった時代より今やはるかに直接に、資本市場のロジックが企業の戦略に影響をおよぼしている。市場の遍在性・強制力がより強まり、企業経営陣の行動の余地が狭まっている。企業はたがいに似たものになり、銀行の影響力は減退している。ファンドの代表がコントロールし、しかし同時にコントロールされてもいる。彼らはつねに説明を求め、自身でも説明を行わなければならない。彼らは随時売り払い、ポートフォリオの構成を変えることができるのであり、このことが彼らに大きな力を与えている。ボラティリティ（資

(18) Dahrendorf 2009; Bell 1979; Berend 2013b, 91–112; Graeber 2011, ch. 12; Streeck 2013.

(19) 二〇〇五年頃、合衆国の大企業一〇〇〇社の株式のほぼ六〇%をファンドがコントロールし、株式の四〇%が最大の投資ファンド二〇社に握られていた。

産価格の変動率）が高まっている。一九六〇年代にニューヨークで、投資家による株式の平均保有期間は八〜九年だったが、今では一年を切っている。重要な決定は、ファンドのディレクター、投資銀行家、ブローカー、アナリスト、レーティング（投資判断）の専門家によってなされる。彼らは経営者ではあるのだが、しばしば資産保有者の名において発言し、高い利回りを得ようとする彼らの利害を代弁する。彼らは普通、彼らがその運命をいわば外から左右している多くの企業と直接のつながりをもたない。これらの企業の内容や伝統、担い手に彼らはほとんど関心をもたない。彼らは、通常の業績指標や市場の敏感なシグナルにもとづいて決定を下し、利益ないし株主価値にのみ目を向ける。彼らはそうせざるをえないのであり、さもなければ彼らのファンドに損失を与えることになるのである。[20]

相対的に他から切り離され、根本においてなお規制されずにいるこの投資家資本主義のシステムにおいては、これら「マネー・マネージャー」のきわめて抽象的な行動に対して、より広範囲におよぶ、たとえば非経済的な諸目的によって正当性を与えることは必要でも可能でもない。トム・ウルフは、現実を密につめこんだ彼の小説『虚栄の篝火《かがりび》（Bonfire of the Vanities）』のある啓発的なシーンで、成功した裕福な投資銀行家でウォールストリートのブローカーであるシャーマン・マッコイが、六歳になる彼の娘の質問に答えて、彼の職業がどんなものであるかを娘が理解し、それに敬意を抱くように説明しようと試みている姿を描いている。ロング・アイランドの岸辺にある彼の所属するクラブに集まった家族は、期待して耳を傾けている。説明の試みは失敗し、娘はわっと泣き出した。この失敗がマッコイの仕事の複雑さによるのか、あるいは、金儲けという目的以上にはそれに何の意味もないことによるのか、その判断は読者に委ねられている[21]。

（ほとんどが比較的小規模で、ただしきわめて多数の）オーナー企業、古典的なタイプの経営者資本主義、そして、グローバルに活動する金融資本家という新たなタイプが至るところで併存し、きわめて多様な形で重なり合って存在するということは、幾重にも強調しておかねばならない。今日の資本主義もまた金融市場資本主義ないし投資家資本主義のみには縮減されえないが、しかし、この数十年におけるその発展は、システム全体が決定的に変化したことを示している。資本主義の多様な諸機能の内的分化が新たに大きく進んだ。資本の調達ならびに投資の機能が他からさらに分離し、資本市場の論理に従って仕事をする専門的な担い手に委ねられた。資本家機能の重みが（企業家・経営者機能に比して）大幅に増した。きわめて重要な投資の決定が、かつてそれが埋め込まれていたコンテクストから、以前より一層ラディカルに切り離された。市場の論理が、非経済的な利害や志向を顧慮することからさらに解き放たれた。意志決定の構造が、個々の企業の範囲を決定的に越え、企業の外縁がより流動的になった。二〇〇八年の国際金融危機にはさまざまな原因があるが、この

（20） この点についてのきわめて優れた研究として、Windolf 2005（とくにアメリカの事例に関して）．ドイツについては，Streeck 2009, 77–89, 230–272.

（21） Wolfe 1987, ch. 10.

危機が紛れようもなく示したのは、新たな投資家資本主義がそれ自身に、つまり銀行家や投資家、ブローカー、その他の「マネー・マネージャー」に委ねられたとき、そのダイナミズムのうちにどれほど自己破壊的で全体を脅かす力が潜んでいるか、ということである[22]。埋め込みの新たな形を見いだすことが重要である。それができるかどうかは、まだ分からない。

四　資本主義における労働

マルクス、ヴェーバー、その他多くの人々以来、契約に基づく「自由な」賃労働が、資本主義下における労働の中心的形態と見なされてきた。しかし、それが的確か、それをどう理解すべきかについての論争が、今また盛んになっている。一九世紀後半および二〇世紀の前半に古典的な賃労働概念が形成されてきた、その経験上の背景を成す工業資本主義的労働というヨーロッパ・北米のバリエーションがきわめて特殊なものだったこと、世界の他の諸地域、他の時代では必ずしも支配的ではなかったし、今もそうでないことが、視野のグローバル史的な拡大により明らかになった。このことから、賃労働概念およびこれと密接に関連する階級概念を批判的に検討し、定義し直す生産的な作業の必要が生じてくる[23]。しかし、以下で私は、賃労働を資本主義にとっての中心的な労働形態とする考えを、次に述べる諸理由から堅持しようと思う。

一つには、包括的な商品化の傾向が資本主義システムの中核的要素を成しており、賃労働は、人間の労働へのこの原理の最も首尾一貫した適用である。また一つには、このことの社会的・政治的諸帰結——階級形成、社会運動、政治闘争——を視野に入れれば、「自由な賃労働」と拘束された労働の諸形態（奴隷労働、農奴制、債務奴隷、年季強制労働、強制労働）との区別、そして、従属的労働（雇用関係における）と独立した労働との区別は、たとえこれら諸カテゴリーの間に多数の混合・移行現象があったとしても、そして今もあるとしても、きわめて重要である。最後に、「賃労働」の概念は、これを正しく用いれば、西洋以外の世界の諸地域における資本主義の分析にも役立つ。

ただし、「賃労働」の概念を広く捉えておくことが必要である。つまりここで言う「賃労働」は、確定される諸条件の下で（そしてまた、確定される限界の内部で）、労働者の（さまざまな熟練度の）労働力が賃金（あるいは俸給）を対価として、雇用する者ないし組織の利用に供されるという交換関係の枠内での労働、と理解される。その際、この関係は期間を限ったものであり、その開始について双方が合意し、また両者のいずれによっても終了されうる（解約告知権）。このような交換関係に入ることが、労働者にとってはしばしば単に生きるための必要からやむをえずとる行為であり、また、雇用関係がいったん始まれば他からの決定と規律に労働者は服さざるをえず、したがって彼らにとっての自由は実際のところわずかしか残らないとしても、交換の概念には、形式上は自発的に

(22) 金融市場資本主義および二〇〇八年の危機について、Berend 2013b, esp. 60-80; Mihm/Roubini 2010.

(23) Van der Linden 2008, 17-61; van der Linden, 2014. 批判に向けて、Kocka 2012b.

結ばれる（文書ないしそれ以外の形の）契約という要素が含まれる。この意味での賃労働は、ヴェーバーがあれほど明確に近代資本主義の定義の中心においた企業の存在とは結びついていない。このような定義を基礎とすれば、賃労働のきわめて多様なバリエーションを区別することができ、また、賃労働の諸要素が、それと異なる他の雇用関係にも存在したし、今も存在することを認識することが可能になる。(24)

端緒的な意味では、そして限られた範囲であれば、賃労働は資本主義以前にも存在する。従属的労働の大半が拘束下におかれた状態で――奴隷労働として、あるいは（中世および近世のヨーロッパにおけるように）隷民的地位にある農民により、僕婢身分の下男・下女により、親方およびギルドに従属した手工業職人により――なされていたとしても、しかし、すでに何百年も前から、報酬を得て働く無産ないしわずかの財産しかもたない男女・児童が多数存在した――ほとんどの場合短期間の仕事で、頻繁に職を変え、働く土地も変え、領主や農民の下で、手工業者や商人のために、教会や修道院で、建築現場や作業場で、さまざまな名称の農業労働者として、日雇い労働者、臨時労働者、季節ないし遍歴労働者として、そして、さまざまな種類の下働きとして。このような仕事ではほとんど暮らしが立つはずもなかったが、そこで得られる現物賃金・貨幣賃金が、当人やその家族が別の源泉、たとえばごく小さな土地の所有から得るわずかな所得をしばしば補った。異なる仕事に就く人々が同じ一つの家族の下で、同じ一つの仕事場で一緒に生活し、働いた。たとえば近世のプランテーションでは、奴隷、期限つきの労働義務を負う「年季強制労働者（indentured labourers）」、そして自由な賃労働者が一緒に存在した。農業や家内工業への資本主義の浸透とともに、とくに農村で賃労働者の数が増した。さらに、古くからの拘束（たとえば、親方およびそれが構成するギルドへの手工業職人の従属）がしだいに緩むことにより、また、手工業者や家内労働者のような勤労者が地域をまたがる市場関係にますます引き入れられていくことにより、資本主義は、古くからの雇用関係の内部で賃労働の要素を強めた。従属して働く者についても同様で、資本主義的に規定される社会関係が、古いものを一挙に破壊して突然現れることは稀である。むしろそれは、古くからの社会関係の隙間に入り込み、そこから広がり、それを弱め相対化し（例外なく緊張と対立のなかで）、徐々に変えていった。同じ一人の人間が、人生の行路のなかで何度も仕事を変えるかもしれず、まったくの仕事不足や失業、庇護を必要とする貧困の時期もそこには含まれていた。[25]

このような無数の転変と混合によって特徴づけられるごたまぜ状態をすっきりと区分することなど不可能であり、したがって数値化することもきわめて困難なことは明らかである。しかし、「プロレタリア的」という概念をおおまかに用い、日雇いや臨時雇い、農業労働者や家内労働者、マニュファクチュアや鉱山で働く労働者、さらに奉公人（僕婢）や手工業職人をこれに含めて考えれば、ヨーロッパでは一五五〇年に人口の約四分一、一七五〇年には六〇％近くがプロレタリア的諸階層

（24） Tilly/Tilly 1998; Steinfeld 1991; Steinfeld 2001; Kocka/Offe 2000 を参照。
（25） Stanziani 2013; Lis/Soly 2012; Ehmer 2001; Thomas 1999 を参照。

に数えられる、というチャールズ・ティリーの推定に従うことができよう。その半ば以上が農村で生活していた。したがって、一九世紀の工業資本主義によって姿を変えられたのは、牧歌的で、秩序立ち、あるいは静態的とさえ言えるような世界ではなかった。それは、揺れ動く世界、雇用関係・生活状態の形がほとんど整わず、欠乏と困窮、悲嘆に満ちた世界――少なくとも農村ならびに都市の中間層より下の、急速に拡大する大きな社会層の間ではそうした世界だったのである。[26]

しかし一九・二〇世紀になって初めて、完全な形の賃労働がとくに欧米で、ただし端緒的には世界の他の諸地域でも大量現象となった。欧米でそうした変化が進んだ一因は、不自由労働を何らかの形で安定化させてきた伝統的諸秩序が、一部は革命、そして戦争により（フランス、合衆国、ハイチ）、しかしたいていは改革によって（その場合、通常は数十年におよぶ遅々とした漸次的変化となる）廃棄されたことである。たとえば奴隷制については、まずはその貿易の禁止（一八〇八年に始まる）、そして奴隷制自体の禁止、さらにまた年季強制労働――前借りした移動費用（たとえば大西洋を横断する渡航費）を働いて返すことを労働者が契約で義務づけられる期限つきの隷属労働――の裁判を通じての非合法化（合衆国では一八二〇年代に始まる）があげられる。同じ文脈で、農民解放と農奴制の廃止（最後はロシアで一八六一年以降）、そして「営業の自由」の実現に伴うギルド規制の廃止ないし緩和もあげられる。こうした背景の下で、資本主義の諸原理がしだいに浸透するのと並行して、賃労働が、ほとんどの場合きわめて徐々に、混合形態をしばしば長く残しつつ広まっていった。他の労働・社会関係への賃労働の組み込みは、長い間、純粋な「賃労働」のみの状態よりむしろ通例だったのである。

「年季強制労働者」(契約労働者)の「期限つき隷属」はそうした混合形態の一つであり、なかでも「苦力《クーリー》」はとくに重要である。それはアジア出身の半自由労働者であり、彼らは長い距離を搬送され、一八六〇年代以降、ほとんどがアジア、アメリカ、アフリカの熱帯・亜熱帯の諸地域で再度拡大を始めたプランテーション(砂糖、ゴム、タバコ等)に投入された。合衆国の南部諸州、ラテンアメリカ、そして西アフリカで見られた賃貸奴隷もそうしたものの一例である。彼らは所有者によって企業家に貸し出され、期限つきで賃金を得て働き、その賃金の一部を彼らの所有者に手渡した。ロシアの農奴も、領主の命により、一時的に賃労働者として働くことがあった。一九世紀、南アフリカのダイヤモンド鉱山では「飯場《はんば》(closed compounds)」が設置された。坑夫たちはそこに、監獄さながらに閉じ込められた。賃労働と強制労働の混合の一例である。ヨーロッパの何百万人もの家内労働者も忘れてはならない。彼らが行うのは基本的に賃労働なのではあるが、ただしそれを伝統的な家内労働の形で、家族単位で、自身の家の四方の壁のなかで行う。それはたいがいは農村地帯で営まれていたが、しかし一八七〇年以降は大都市でもしだいに広まった。そこでは衣類やその他の既製品が家内工業の形で、ほとんどの場合女性や子供により、中間業者の厳しい監視と劣悪な労働条

---

(26) Tilly 1984, 33(一五五〇＝二四%:一七五〇＝五八%:一八四三年＝七一%). 何世紀にもおよぶ労働と労働者についての新たな研究として、Lis/Soly 2012.

件の下でつくられていた。一九〇〇年頃のニューヨークやパリ、ベルリンのスウェットショップ（搾取工場）を想起すればよい。プロイセンや他のドイツ諸邦では、法で定められた僕婢（奉公人）の地位が一九一八年まで続いた。それによって、農業労働者や家内奉公人というカテゴリーに属する膨大な数の人間の自由が制限されたのである。にもかかわらず、下男や下女などの奉公人はしだいに特殊な種類の賃労働者になっていった。賃労働が諸要素のうちの一つでしかない混合状態は、他にもあげることができるだろう。しかし長期的には、賃労働の要素が貫徹していった。(27)

賃労働が大量現象となったのは、当時の巨大な建設現場と並び、とりわけ工場制工業と鉱業において、そしてそれらを通じてであった。この分野が工業化の第一段階で他より大きく成長し、労働者がここに大量に集積したからだけではない。また、前述したオーナー資本主義から経営者資本主義への移行が、とくにこの分野の大小の企業で顕著に進んだからだけでもない。むしろ重要なのは、工業企業の構造と、社会的環境に対するその関係である。工場や鉱山では、賃労働は、働く者の家庭と空間的に切り離された場所でなされた。さらにこの分野の企業では、分業、経営と現場の分離、目的合理的な作業工程、それに照応する規律の要請がとくに顕著だった。特殊な時間構造への適応が求められ、これに伴い労働の領域がそれ以外の生活領域から、空間的にも時間的にもかつてより明確に区別された。労働の領域における資本主義のロジックが、相対的に独立して展開しえた。賃労働が、ここでは相対的に純粋な形で発展した。賃労働はまさにそうしたものとして、各自の専門を越えて働く者を一つにつなぎ、経営陣から区別するものとして労働者に受けとめられた。資本と労働の間には、一方では協調、他方では対立と緊張のいずれもが存在することを労働者は経験しえた。この対立と緊張は、一つには生産の果実の分配をめぐるものであり（たとえば賃金・労働時間をめぐる対立）、一つには上下の秩序をめぐる力の問題、たとえば作業の組織や自律性、そして後には共同決定をめぐって争われた力の問題をめぐるものであった。

数はあまり多くはないものの、もちろん近世のマニュファクチュアや鉱業にも賃労働の先行者は存在した。しかし、右にあげた諸点において、繊維工場、炭鉱、製鋼所、機械製造所の「大工業」は、空間、時間、そして経験しうる諸構造に関して、それまで慣れ親しんできたものとは一線を画す新しいものだった。だからこそそれは同時代人の目を捉えたのであり、彼らを魅了し、またぞっとさせもしたのである。「大工業」は、一九世紀半ば以来現れた「資本主義」に関する議論の内容を規定した。マルクスの諸概念・諸見解に決定的影響を与えたのも、この工業資本主義である。[28]

工業化の第一段階において、労働者は工場制工業の内部でもそれ以外でも、きわめて過酷な搾取、極端に長い労働時間と低賃金、困窮と欠乏に苦しんだ。鉱山の坑道で働く子供たち、機械紡績工場の作業場でずらっと並んで働く若い女性たち、急速にふくれあがる都市の労働者居住区にある、入居者であふれたアパートの暗い地下室での暮らし、ゲアハルト・ハウプトマンによって戯曲化され

（27） Osterhammel 2009, 959–1009; van der Linden 2008, 20–32.
（28） より詳しくは、また以下の記述についても、ドイツの諸事例に則して、Kocka 1990, 373–506.

たシュレージエンの織布工の捨て鉢の蜂起――これらは、人々の記憶に刻まれた悲惨と資本主義的搾取の諸像である。そうしたものに個々に立ち入ることはここではできない。くり返しの恐慌と戦争によって中断されつつも、また、搾取と貧困の存続と新たな広がりにもかかわらず、世界の大部分で工業化の進展とともにしだいに進んだ労働・生活条件の改善についても、やはり詳しくは立ち入れない。労働の世界および政治と社会における無数の労苦と紛争、イノベーションと改革を経て、賃労働は大きく変化した。公私の大企業が支配する巨大な中核部門では、二〇世紀の第三四半期までに、家族賃金という目標をめざしての収入増、労働時間の大幅な短縮（たとえそれが、同様に大幅な労働密度の強化を伴っていたとしても）、解雇・事故・病気・高齢化に際しての保障の文書化された請求権によるリスク・ヘッジ、そして個人および集団的な労働基本権が、高いレベルで実現した。少なくとも工業化の進んだ世界の大部分についてはそう言える。これらの取り決めについては「標準労働条件」というポジティブな意味合いをもつ表現が定着しているが、しかしこの言葉は、こうした成果が何世紀にもわたって決して標準的ではなく、世界的に見れば今日でもむしろ例外的であること、また、それが実現されたところでも、新たな展開しだいで脅かされうることを忘れさせやすい(29)。ここでは、「標準労働条件」の実現につながった発展の最も重要な三つの原動力に、簡単に言及するにとどめておく。それらは根本において、賃労働と関連している。

（一）企業においては、右に述べたような改善は、生産性の上昇が実現されてはじめて可能になった。しかし、賃労働なしではそのような上昇はありえなかったろう。かつて支配的だった拘束された労働の諸形態と異なり、賃労働のみが、企業の目的にとって最適な形で労働力を募り、組み替え、場合によっては解雇することを、資本主義的に計算する企業経営陣に可能にする柔軟性を有するからである。同時に賃労働は、このような柔軟性の（たとえば解雇の場合の）「コスト」の外部化を可能にし、それによって企業の負担は減り、社会が義務を負うことになる。さらに、工業化が進んだ段階になると、多くの企業経営陣は、労働時間の短縮、「労働力」資源の丁寧な扱い、労働者の要求への一定の譲歩が生産性の上昇につながり、企業の成功にも役立つことを発見した。スコットランドのロバート・オーウェンやイェーナのエルンスト・アッベのような、いつの時代にも存在する博愛主義的・社会改良的志向をもつ企業家だけでなく、冷静に計算する経営者や資本所有者もある程度、従業員に高いスキルを求める部門ではとくに、彼らの企業における労働の改革推進者となった。

（二）しかし、これだけでは十分でなかったろう。少なくとも同じ程度に重要だったのは第二の推進力、つまり国家の介入である。強力な国家機関が、法律や布告、監督によって労働の世界における諸弊害と闘い、労働者の権利を守ろうとする用意を示す動機はいくつもある。一点のみ指摘しておけば、それは、賃労働がもはや家庭や農場、その他の伝統的諸関係の下ではなく、工場や鉱山という別個の場所で行われるようになり、これによって外から見えるものになったことと関連して

(29) Osterhammel 2009, ch. V; Lucassen 2006 を参照。さらに本書一四九頁以下を参照。

いる。この点は、たとえば児童労働について言える。何世紀もの間、児童労働は農業経営やプロト工業的家内労働の一部として自明の存在だったのだが、今や家族・家政から切り離され、とくに教育に関わる人々によって問題にされ、批判された。この批判が重要な契機となって問題は政治化し、政府による児童労働の禁止につながった。児童労働の禁止は、たとえばプロイセンでは一八三九年以降、何段階かの積み重ねを経て実現され、工業における児童労働の消滅に決定的に貢献した。(30) 資本主義における世論と国家介入の役割については、次節で論じる。

(三) 最後に労働者運動にふれておこう。賃労働は、根本的な点で自由ではない。働く者が賃労働関係に入ったとき、それが彼らにもたらすのは自由ではなく服属と規律である。さらに言えば、生産手段の非所有を、時になされるように「自由」の証明とするのは浅はかで皮肉だと考えられるかもしれない。しかし賃労働者は、強制労働者、奴隷、農奴、年季強制労働者、僕婢、ギルドの規則に縛られた手工業職人とは異なり、経済外的強制から解き放たれて自由に雇用関係に入り、自身の意志でそこから離れることができ、そしてこの労働関係が、少なくとも大まかに定められた労働サービスの提供ないし利用に関わるものであり、働く者の全人格の利用ではないという点で、自由なのである。これは、かつて支配的だったさまざまな形の拘束された労働と比べての、賃労働の解放的な要素である。雇い主と被傭者の関係に内在する非対称性を強調することがいかに正しく、また、「自由」な労働と「不自由」な労働との差が、多くの日常的な作用に関しては原理的というより程度の問題であるとしても、さらに、経済外的強制からの自由が、資本主義的工業化の過程においても徐々にしか実現されず、周知の通り、二〇世紀の諸戦争や独裁のなかで、大量の強制労働によってくりかえし逆転されてきたとしても、この点を見逃すべきではない。

賃労働者の自由の端的な表れは、彼らが個々に、そして集団的に抵抗し、あるいは――こちらの方がはるかに頻繁だが――労働条件の改善を要求し、それを実現することができた（できる）ということである。資本主義においてのみ、自律的な労働者運動が強力になりえた。賃労働が、工場内に限らず大量現象になった一九世紀の工業資本主義において初めて、そうしたことが生じたのである。

体系立てて言えば、運動のエネルギーは三つの挑戦によって火をつけられた。第一に労働者運動は、資本主義経済の確立に伴って確実に高まっていく不安定・危険から身を守ろうとする試みから生まれた。扶助基金、協同組合、友愛組合（friendly societies）を想起すればよい。第二に労働者運動は、右に述べた、資本・労働関係に内在する分配と支配をめぐる対立の結果として生まれた。自然発生的な、そしてまた組織された多くの抵抗と要求、とくにストライキにそれは表れている。最後に労働者運動は、昔からの非資本主義的な労働・生活形態を、広がりゆく資本主義に対して防衛すること、たとえば、民衆の間に広がる「モラル・エコノミー」（生業原則［Nahrungsprinzip：身分にふさわしい需要充足の保障を第一義とする経済原則。利潤志向の原理と対置される］や「公正価格」の強

（30）詳しくは、Kocka 1990, 469-471.

調を伴う）の文化の諸原則を、個人化・競争・成長という資本主義のロジックに対して防衛することからエネルギーを得てきた[31]。このような方向性は、最低賃金をめぐる争いに見られるように、形を変えつつ基本的には今日まで長く続いている。資本主義における労働のルーティン化、退廃、道具化、商品化に抗して公正で人間らしい労働を守り、あるいは要求する動きであり、古典的にはマルクスが疎外批判として表現したものである。

一九世紀および二〇世紀初めにおけるヨーロッパで最も重要な抵抗と解放の運動がここから発展した。二〇世紀のあいだに（それ自身多様な）社会民主主義的分枝と共産主義的・全体主義的分枝とに分裂したとはいえ（後者はこの間に信用を失墜した）、それは政治と社会の民主化に大きく貢献した。仕事場での、そしてストライキおよび労働組合による、さらに政治における労働者の諸要求の圧力こそが、先に述べた労働条件の改善、そして、それを通じて――こう言ってもよかろう――資本主義の文明化に寄与したのである。

歴史的比較から明らかなのは、この種の労働者運動が資本と賃労働の緊張から必然的に生まれるものではないということ、一九世紀および二〇世紀初めにヨーロッパの大部分では高いレベルで存在し、ただし、同じ強さを今日までは維持しえず、また、世界の他の諸地域では必ずしも見いだすことのできない一連の文化的・政治的諸前提をそれが有していたことである。たとえば今日の中国の賃労働者は、ヨーロッパに比して時間的に圧縮され、そのため突然の変化という性格を強く示すとはいえ、ヨーロッパの労働者が工業化の第一段階で経験したものと十分比べうるような形で、商品化、資本主義的道具化、都市への移住による以前の生活世界からの切り離し、そして搾取を経験している。彼らも抵抗し、反逆する。その数はきわめて多数におよび、まさに日常的と言ってよい。しかし、独裁制的性格を部分的に保持しつづけている中華人民共和国では、それらは完全にローカルな行動（職場での抵抗や請願、ストライキやボイコット、職場封鎖、座り込み）にとどまり、それが地方・地域を越えた抵抗と解放運動に合流することは、これまでのところなかった[32]。

賃労働が将来どうなるかの予測は困難だが、その歴史のなかでの二つの新たな展開は、ぜひとも指摘しておかねばならない。一つには、資本主義の金融化と並行して、また技術および市場組織の変化の結果として、賃労働を含む労働の空間的・時間的断片化が近年進んでいる。一九七〇年にドイツ連邦共和国では、フルタイム雇用の従業員と、パートタイム・短時間雇用ないし期限つき・限定的雇用の従業員——いわゆる非典型的雇用関係にある労働者——の比率は五対一だった。それが一九九〇年には四対一に変わり、二〇一三年には二対一になった。この年にはすでに三人に一人の労働者がパートタイムや一時雇用、派遣やミニジョブの形で働いていたのである。雇用の柔軟性と

（31） 工業化の初期におけるイングランドについて、今や古典となった Thompson 1963. さらに、Thompson 1971.

（32） 一八七〇～一九一四年における各国の労働者運動の概観として、Van der Linden/Rojahn 1990. 今日の中国について、Lee 2007.

労働条件の流動性が増し、柔軟性をさらに高めることが個々人に求められている。職場は、一九世紀にようやく獲得した明確な輪郭を失いつつある。新たなコミュニケーション手段が、家内労働の新たな諸形態を可能にしている。労働時間と自由時間のあいだのグレーゾーンに新たな時間の枠組み（Zeitregime/regime of time）が現れ、パートタイムやフレックスタイムが、新たな自由のチャンスとともに新たな従属とリスクをもたらしている。こうした事実は多面的に評価する必要がある。このような意味で「非典型的」な雇用関係、とくにパートタイム雇用がすべて不安定であるわけではない。雇用関係の流動化は疑いもなく新たなチャンス、たとえば生計を立てるための仕事を他の諸活動と結びつけ、労働と自由時間をつなぎ、職業と家庭を両立させるチャンスを含んでいる。他方、一九世紀以降における欧米の「労働社会（Arbeitsgesellschaften/work societies）」でそうだったように、雇用関係の柔軟化と断片化は、個人のアイデンティティーや社会的結合が継続的な労働を基礎としている限り、それらを浸食する危険につながりかねない。いずれにせよ、労働の結合力、社会の構造を形成し、文化的結びつきを生み出し、個人を社会化するその力が近年衰えているように思われる(33)。

最後に、ここ数十年の間に徹底的な工業化を遂げた「グローバル・サウス」の諸地域における資本主義と賃労働に一瞥を加えておこう。きわめて多様な姿をとるこの地域の賃労働は普通、「インフォーマル」、「非標準的」というようなカテゴリーで調査され議論されている。こうした言葉で考えられているのは、きちんとした管理がなされず、規則の成文化がほとんどなされず、このためきわめて無防備で傷つけられやすい、従属的で頻繁に地位が変わる労働のさまざまな形態である。出稼ぎや季節労働、臨時雇いの労働がここに含まれる。彼らの賃金はきわめて低く、極端な従属状態におかれ、ほとんどの場合、家族が他の仕事に就き他の収入を得てようやくなんとか一家が暮らしていける。資本主義の影響下におかれたこの種の賃労働は、当然ながらきわめて不安定なものと見なされている。

輸出向けの農業・食品産業、作業場や工場、きわめて多様なサービス労働で、両性の労働者（とくに女性）、そして多くの児童も、しばしばスラムで、きわめて危険な労働条件の下で、大きくかつ拡大する不平等に直面しつつ、そうした労働に従事している。企業家、企業、工場――そこには、「グローバル・ノース」に本部を置く多くの多国籍コンツェルンが含まれる――による狙いを定めた「アウトソーシング」が、このような劣悪な労働条件の広がりの一因となっている。それらは、大量消費向けの廉価な商品を豊かな諸国に供給する。アジアやアフリカ、ラテンアメリカで、それらは低賃金労働者を、しばしば正式の雇用関係を結ばず、またしばしば中間請負人や下請け企業、エージェントを介在させて使用する。その際、法的な保護規定は、たとえあったとしてもしばしば回避され、あるいは無視される。国家当局はこうした行為を効果的に阻止するにはあまりに弱体で、あまりに党派的、あるいはあまりに腐敗している。「インフォーマル」労働者というカテゴリーの

（33） Schmid/Protsch 2009; Sennett 1998（すでに古典）; 加えて、Castel 2009.

境界を定めることは難しく、量的把握はほとんど不可能である。大まかな推定では世界全体で一〇億人を数え、さらに増加傾向にある。(34)

ヨーロッパおよび北米の諸国では、「労働者問題」は、一九・二〇世紀の階級社会でそれが有していた、ラディカルな抵抗を呼び起こし、社会を揺るがすような煽動的な性格をとうに失っている。西欧では、労働者階級の窮乏化や労働の疎外に対する批判は、かつてのように資本主義批判の中心に位置することはもはやなくなっている。ただし、こうした解釈は、われわれの頭をなお支配しつづけているメンタルな地図上の国民ないし地域の線に沿った断片化に規定されたものと言える。もし真にグローバルな視野をわれわれの良心、社会的コミットメント、そして政治的要求の基礎にすることができれば（もっともそれは、深く染みついた習慣のみならず、グローバル・ノースに生きるわれわれの利益に大きく反することではあろうが）、「労働者問題」は、「グローバル・サウス」の労働者問題としてただちに再び目の前に現れるだろう。道徳的にチャレンジングだが、切迫した社会正義の問題、変えることは困難だが、しかし見込みがなくはない問題である。歴史的な比較の観点からは、以下三つの点がとくに注意される。

（a）この種の労働を「インフォーマル」とか「非標準的」とカテゴライズすることは、安定的できちんと管理され、成文化された規則を備えた労働が「フォーマル」で「標準的」だと仮定した上で、そのような労働のモデルとの対比の上に成り立つ考え方である。しかし、この「標準」なるものは、グローバル・サウスのほとんどの社会では、通常は国と関係する雇用に限られたわずかな一部の現象にすぎない。のみならず、グローバル・ノースを含めた歴史的比較においてもそれは例外であり、二〇世紀においてさえ、多くの地域でそれは「標準」ではなく、せいぜいのところあるべき規範にとどまっていた。この点を真剣に受けとめるなら、「非標準的」とか「インフォーマル」とかいうカテゴリー自体に疑問を呈することはほとんど避けられない。ただし、それに代わるカテゴリーを見いだすのも困難なのだが。

（b）グローバル・サウスにおける状況は疑いもなく、ヨーロッパと北米における工業資本主義勃興の段階には見られなかったやっかいな諸問題を提示している。とくに問題なのは、現場でなされる労働の大部分が多国籍企業やその企業チェーンによる抑圧的な従属下におかれていること、そしてそれと結びつく、脱植民地支配後における南の生産者と北の（後工程の加工業者を含む）消費者との間の不平等である。にもかかわらず、次のことを認識しておくことが必要である。すなわち、「インフォーマル」な、低賃金で保護を欠いた不安定な賃労働はヨーロッパにも――一八・一九世紀には大量現象として、しかし二〇世紀後半および二一世紀の初めにもなお周辺現象として――つねに存在してきた。しかしそれは、賃労働の管理・規制された諸形態によって後退し、とくにその

（34） Breman 2012; Arnold/Bongiovi 2013. すでにHart 1973; Vosco et al. 2009, 1-25; Standing 2008; Kalleberg 2009. アフリカについて、Cooper 2009, 53 ff.; インドについて、Maiti/Sen 2010; ラテンアメリカについて、Fernandez-Kelly/Shefner 2006.

社会的問題性を大きく減じた。経済成長がそうした変化の不可欠の前提であり、加えて、資本主義に内在する企業における賃労働の制度的定着がその一要因となった。労働者運動の圧力も重要だったが、しかしとりわけ決定的な役割を果たしたのは、法律や布告、政府によるコントロールである。

（c）このインフォーマルな労働の大海を、経済的に最も発展した諸社会でも進行する前述のインフォーマル化の傾向（本書一四九頁）と合わせて世界的な視野で見れば、——一九七〇年代以来の資本主義の金融化と併行し、またそれと結びついて——賃労働の「インフォーマル性」ないし「インフォーマル化」が、ただちに消えることはないであろうグローバルな挑戦を成すことが理解されよう。金融化と同様、結局のところこの現象は、デジタル化する世界大のコミュニケーションという条件の下、経済と社会のますます広い領域で、ますます支配力を増す市場の諸原理の適用が進んだことの結果である。そこから生じるいくつもの大きな社会問題の軽減は、強力な国家の強力な介入なしには成功しないだろう。

五　市場と国家

資本主義をめぐる諸論争において、国家と市場はほとんどの場合、対極を成すものと見られている。そしてそれには十分な理由がある。実際、市場の行動と国家の政治行動とは異なるロジックに従っており、とくに民主主義の時代にはそうである。一方は不均等に分配された所有権、他方は対等な市民権というように、両者は拠って立つ正当性の根拠を異にする。両者は異なる手続き、つまり、一方は交換、他方は合意形成を目標とする討論と多数決という手続きに従う。一方は貨幣を、他方は権力を最も重要な媒体とする。市場での行為は、アダム・スミスとともに、それが間接的に全体の利益にもつながると論じうるとしても、個別利益の追求を明確な目標としている。これに対して、政治の目標は全体の福利の実現である――全体の福利の内容が、その実現をめざす政治過程のなかで初めて形をとり、また、民主主義的決定プロセスの枠内では個別利益の追求が正当であると認められているとしても。一八世紀以来、自由主義的な立憲秩序によって、この二つの領域の限定つきの自律性が根拠づけられた。すなわちこの秩序は、政治権力の行使をまずは法治国家という基礎、それから民主主義という基礎と結びつけ、経済的諸資源とつなぐことは意図して避けた。しかし同時にそれは――市場と国家の関係がさまざまな形をとる制度上の余地がどれほど大きいとしても――所有権ならびに所有から生じるすべてに対する権利を基本権として保障し、これによって政治権力・国家権力の介入からこの権利を守った。立憲制国家においては、政治権力と、所有権から生じる経済的諸資源とが相互に制約しあう。権力分割の、自由の保障につながるきわめて根本的な側面である。(35)

(より多くの)国家と(より多くの)市場との対立が論争の主軸を成すような政治的状況が何度と

(35) 目標としての国家と市場の相互コントロールについて、Kocka 2012a.

なく現れた。国家による中央統制経済と資本主義的市場経済という時代を画した冷戦期の対立、あるいは、一九八〇年代以降における「新自由主義」、規制緩和、民営化をめぐる論争はその例である。

にもかかわらず、市場と国家を対極を成すものとのみ捉えるのは正しくない。むしろこれまでに述べてきたことが示すのは、なるほど市場と国家、経済と国の政策との一定の制度上の分化があらゆる形の資本主義の前提を成すとしても、しかし他方、市場と国家、経済と国の政策とのさまざまな形での密接な結びつきが歴史的には通例だった、ということである。この結びつきは、中世における大金融業者と権力者の共生関係から、近世ヨーロッパにおける国家形成と市場形成との密接なつながり、そして一九・二〇世紀における賃労働の社会的規制を目的とする国家の介入を経て、近年における資本主義の金融化の結果として高まった国家介入の要請にまでつながっている。一九五〇・六〇年代以降の東アジア「四小龍」諸国［台湾、韓国、香港、シンガポール］における資本主義の貫徹と拡大に際しての国家の政策の重要な役割、そして、ここ数十年の中国およびロシアにおける国家機関の半独裁的な力も、さらなる事例としてあげうる。

とくに欧米について言うと、一九・二〇世紀を三分する長さを異にする諸段階が確認され[36]、そして今、第四の段階が始まっているように見える。アダム・スミスが攻撃の矛先を向けた近世における市場と国家の密接な結びつきの後、一八世紀末から一九世紀初めにおける、根本において自由主義的な大西洋世界の諸革命と諸改革が、市場と国家の相対的分離の段階の始まりを告げた。一八七〇・八〇年代に至るまで、諸政府は経済的・社会政策的介入を手控え、一方では市場経済の自己推進力の強化を図りつつ、同時に市場経済をそれ自身の動きに任せた。弱体な「夜警国家」について語ることは、確かにまったくの誤りである。実際には、一部はようやく確立しつつあり、一部は力強く発展しつつあった国民国家は、この何十年かの間に、内外の情勢を決するかなりの力を獲得した。インフラや教育制度の整備に見られるように、経済的・社会的発展のために国家がなした寄与はかなりのもので、ほとんどの政府はこれらの整備を市場の力の自由な働きに任せはしなかった。しかし、自由貿易の旗印の下で進められた経済自由主義的規制緩和の政策は、大半が小規模な企業間のほとんど制御されない競争、そして、労働者の組織化がほとんど進んでいないという状況には適合的だった。「工場法」やその他同様の諸規制（一八三三年にまずイギリスで。他の諸国ではそれ以後）により一定の保護的規制が始まりはしたものの、国民の福利に対する国家の支援は最小限にとどまり、個人の自由を全体にとって有益なものと信じる自由主義的な考えが力を持ち続けた。

一八七〇・八〇年代に変化が訪れた。この変化は、一方では一八七〇年代における資本主義の深刻な国際的危機への対応として現れたものであり、他方では社会的緊張の高まり、とくに組織された労働者運動の台頭に対する回答でもあった。この変化はまた、古いオーナー資本主義を補いつつ発展してきた経営者資本主義における集中・合併・徹底的組織化の傾向と合致していた。経済政策における介入の復活・強化（たとえば諸産業の国有化）、公共支出の増大、帝国主義の展開に際して

（36）この点について、イギリスを事例とするすぐれた概観として、Fulcher 2004, 38-57.

の対外経済政策上のイニシアティブ（保護主義的関税、補助金、経済的目的にもよる勢力圏確保と植民地の建設）、そしてとくに一八八〇年代以降における福祉国家の発展に示されるように、国家の諸機関による経済・社会への干渉が今や再び強まり、逆に、経済的・社会的利害も組織化を進め、ロビー活動や利害集団を通じて政治や公共政策に影響力を行使した。その前の段階における市場と国家の経済自由主義的な相対的隔たりに代わり、今や「組織」という原理の下で、市場と国家の相互依存がますますその密度を高めていった。「組織された」資本主義、あるいは「調整された」ないし「制御された」資本主義と呼ばれるものが、一九一四年に先立つ数十年の間に、すでにその基礎を据えていたのである。(37)

帝国主義という時代を画する現象のなかで、拡大を促す政治的推進力と経済的推進力とが密接に結びついた。そして、一八九〇年代以降における帝国主義の緊張に満ちた発展が、第一次・第二次大戦をもたらす決定的要因の一つとなる。第一次大戦は、交戦国すべてにおいて、強制カルテルや国家が推進した強制的合併などを通じて、たとえ部分的で一時的であったとしても、資本主義の徹底的な非市場経済的組織化を飛躍的に推し進めた。戦間期の保護主義は、一九世紀の古典的・自由主義的な自由貿易時代からの距離をいま一度広げた。一九三〇年代の世界経済恐慌は、経済と政治への国家介入への傾きを再度強めた。それは、ヨーロッパと日本の独裁制下では徹底して非民主主義的な形で進み、これに対してアメリカのニューディールにおいては民主的・社会国家的な形をとった。このニューディールを通じて、一九三〇年代以降、合衆国でも社会国家の基礎が築かれることになる。第二次大戦後、戦時経済下の諸々の強制措置は廃止され、保護主義の硬い表皮が少しずつ取り除かれていった。しかし他の諸点——福祉国家や労働立法の整備、利害集団と国家機関の協働、ケインズ主義的色彩をますます強める経済政策、国有化された諸部門と政府による全体的計画の役割の拡大、グローバルなレベルでの国家間調整の萌芽——では、二〇世紀の第三四半期は組織された資本主義の盛期だった。市場と国家のこのような密接な絡み合いを表現するために、一方におけるかつてのレッセフェール資本主義、他方におけるソ連のヘゲモニー下にある中央統制経済——そこでは市場の探査・発見・配分機能がほとんど切り捨てられ、それが長期的に害をおよぼすことになる——と区別して、「混合経済（mixed economy）」という言葉も用いられた(38)。

一九七〇年代末以降、市場の自己調整力を重視する「新自由主義」の諸理論、規制緩和と民営化の推進、社会保障給付の一定の削減により、先行する数十年における主要な諸傾向を逆転させる「再活性化した市場資本主義」（J・ファルチャー）の段階が始まった。それは同時に、組織された労

（37）一九世紀末から一九二〇年代までのヨーロッパ諸国および合衆国における「組織された資本主義」の発展について、Winkler 1974 の諸章を参照。さらに、Crouch 1993; Höpner 2004.

（38）一九・二〇世紀のヨーロッパにおける経済秩序の発展についてのきわめてすぐれた研究として、Berend/Schubert 2007; 合衆国について、Swanson 2012; 東アジアについて、Inkster 2001. 資本主義、「混合経済」、「ポスト資本主義秩序」についてのアメリカの議論がBrick 2006で分析されている; Lichtenstein 2006; Marks 2012. さらに、Keynes 1927 and Shonfield 1965.

働者から資本の側への重心の移動をもたらした。このような方向転換の原因の一つは疑いもなく一九七〇年代の経済危機であり、それは、大量失業と貨幣価値の低下（「スタグフレーション」）という二重の問題により、それまで支配的だった調整された資本主義のシステムの限界を明確に示した。方向転換の根本的原因としてさらにあげるべきは、急速に激しさを増したグローバルな競争であり、それは、賃金・労働コストの高い、古くからの工業国を強い圧力の下においた。加えて、それ以前の数十年における調整された資本主義が機能するためには一定の社会的合意形成力が前提となっており、その合意形成力がいくつかの国では崩れていったことも指摘しておかねばならない。たとえばイギリスは七〇年代末以降、やや遅れて加わった合衆国とともに、右の方向転換の先導国となった。さらに時代の精神も、組織と連帯から個人化、そして多様性・自発性の評価へと主導的価値を変えた。消費資本主義の急速な成長は、こうした流れと適合した。東側諸国の崩壊は、市場の力が計画より優れていることの証左と解釈された。加えてこの崩壊は、資本主義とは別のオルタナティブという大きな挑戦を取り払った。この挑戦は、冷戦期には、資本側の若干の代表、そして多くの政治的アクターのあいだで、よりラディカルな変化に至らぬよう労働者の諸要求に一層耳を傾け、国民の福利により配慮した社会的市場経済を支える用意を高めていたのである。

しかし、国家の真の駆逐に至ることはなかった。まったく逆である。ヨーロッパ大陸では、そして東アジアではより一層、アングロ・アメリカ的な新自由主義モデルへの追随は不承不承でしかなく、あるいはまったく受け入れられなかった。たとえばドイツでは、社会保障給付の削減は、二〇世紀最後の一〇年および二一世紀最初の一〇年においてもきわめて狭い限度内にとどまり、盛んに求められた「転換」は決して起こらなかった。他の諸国同様ドイツでも、資本主義の新自由主義化に対する抵抗が途絶えることはなく、公共支出は高い水準を維持した。しかし、規制緩和は国際的には、とくに金融の分野で、そして経済の金融化というより全般的な動向の一部として進んでいった。(39)

二〇〇八年からの国際的な金融危機が、「再活性化した市場資本主義」の段階の終わりと、その次の第四段階の開始を告げるものであるかどうかの判断は将来に委ねなければならない。いずれにせよこの危機は、新自由主義の知的・政治的正当性を根底から揺るがした。疑いもなく金融部門の規制緩和が、徹底した市場原理に立つ金融資本主義の主導国、つまり合衆国とイギリスで始まった二〇〇八年の金融経済崩壊の重要な原因だったからである。さらに、二〇〇八年の危機に際し、金融資本主義の中心的アクターたち自身によって、新自由主義の核となる信念――市場の自律性と自己調整力――が否定され、信用を失墜させられた。彼らは巨額の資金援助によって彼らの最終的崩壊を食い止めるよう政府に懇願し、そして実際このような支援が――「大きすぎてつぶせない（too big to fail）」という論拠によって――なされたのである。この結果、公的債務が一挙に拡大した。資

(39) 本書一三一頁以下。さらに、Mirowski/Plehwe 2009; Harvey 2007; Krippner 2011; Berend 2013a. Offe 1985; Lash/Urry 1987; Crouch 2011 も参照。

本主義の金融市場危機は国家の債務危機に転じ、とくにヨーロッパが、なお終わりの見えないその有害な結果に苦しんでいる。市場の自己治癒力という新自由主義の神話の魔力を砕く、これ以上徹底的な打撃はありえなかったろう。

しかし、それがどのような帰結をもたらすかは、決して明確とは言えない。金融部門の再規制に向かう一定の傾向が、若干の国々で、そして国際的にも現れた。しかし、その対象となる当事者の影響力は大きく、考えうる多くの解決策の実施を困難にしている。事態は複雑である。とくに問題なのは、ずっと以前からグローバルに活動している金融資本主義を制御するために必要な、国を超えたレベルでの十分な政治的決定力・実行力が欠如していることである。

ところで、市場と国家の関係は国によってきわめてさまざまだったし、それは今日でも変わっていない(40)。合衆国でも二〇世紀には強力な国家の介入を伴う調整された資本主義が発展したが、ここにおける国家の介入は、競争を保障するための規制（カルテルの禁止、反トラスト法）として、また、私企業を国家と結びつける軍産複合体の形で表れた。金融緩和によって借金を容易にし、大衆消費に拍車をかけることもこの国における介入の一つの形と見うるが、一方、国による社会保障給付や、企業内部の問題への政府の介入は比較的小さい。これに対してスウェーデンは、きわめて高い競争力を備えた資本主義が、機能する民主制、国家の規制下で形成される階級間の協力関係、集団的連帯指向、そして、高いレベルの社会保障給付と両立しうることを示した。スウェーデンでも、一九八〇年代以降の「新自由主義的」転換が福祉国家の一定のスリム化をもたらしはしたが、しかし、たとえば同時期のイギリスにおけるような社会保障給付のドラスティックな削減には遠く至らなかった。一九世紀末から二〇世紀にかけての組織された資本主義の母国と見うるドイツでは、一九五〇年代以降、「ライン資本主義」と呼ばれるものの一種が発展した。ここでは、国家の支援に支えられた調整と明確な福祉国家指向（「社会的市場経済」）が顕著だが、ただし、経済政策上の直接介入は同時期のスウェーデンやフランスと比べてはるかに小さく、また、たとえば日本と比べて、市民社会の自己調整力がはるかに強く尊重された。その日本では、工業化はようやく一九世紀末に始まり、はじめからきわめて強力な国家の指導下で進められた。計画・統制に関わる国の諸官庁が財閥と呼ばれる特殊な巨大私企業と密接に協力し、技術・産業・輸出の発展を強力に推進した。同時に、労働組合が弱体で、企業がすべての面倒を見るこの国では、包括的な福祉国家の発展はほとんど見られなかった。

思い切った輸出振興政策と教育への投資、そして経済全体の高い貯蓄率を通じて、香港と台湾は一九五〇年代、シンガポールと韓国は一九六〇年代に工業化のスタートを切った。これらの諸国は資本主義と市場経済の路線を明確にとったが、しかし例外なく国の強力な支援と指導を伴っていた。その際、シンガポール、そして初期には韓国でも、権威主義的統治構造は決して工業化の妨げとはならず、むしろこれを促進した。毛沢東後の時代の中国の近代化は、一方では、広範な層の人々の

(40) Hall/Soskice 2001; Amable 2003; Dore 2000; Berger/Dore 1996; Albert 1993 を参照。

間に広がる、制約から解き放たれた市場経済のエネルギーを基礎としていたが、他方、「上からの革命」とも言うべきものが進んだ。急速に勢いを得た資本主義のダイナミズムは共産党の幹部と政府の役人によって先導され指導されたが、しかしそこでは、企業家の活動の限定つきの解放と、その限りで国家の監督下での一定の自己規制がめざされた。具体的には、国営企業の民営化や毛沢東時代の福祉国家的社会保障の消滅、そして、農村から都市への大量の人口移動の制限解除などがあげられる。最後にあげた人口移動は、ヨーロッパにおける工業化の初期段階を想起させるような規模での搾取と窮乏を結果としてもたらした。社会的没落、搾取、不安定に対して、労働者は毛の肖像を高く掲げながら抗議した。一方、彼らの共産党政府は、北米の金融資本主義のトップ層から助言を得、国外に住む中国人から資金、ネットワーク、そして愛国心を獲得した。

中国が発展させたのは、低賃金、労働者の酷使、そして大量輸出を基礎とする、国家の監視下におかれた工業資本主義であり、それは短期間のうちに大きな経済的成功と、少数者の手に握られた巨大な富、そして数多くの抵抗をもたらした。工業化に対する政府の影響力は、わずかに弱まっているとはいえなお強力である。ほとんどの銀行、エネルギー・通信企業、その他戦略的諸部門の企業は国が所有し、あるいは少なくとも国家の監督下におかれている。自由な不動産市場は存在せず、政府の介入は経済にも市民社会にも浸透している。賃金は、国際的尺度では極端に低いが、しかし二〇〇五年以降、相対的に上昇している。全体として、ほとんどの中国人の生活は三〇年前よりよくなっている。政治体制の抑圧的性格は著しいが、しかし抑圧は選別的で、経済成長の担い手に関しては控えめである。全体としてここに見られるのは、いかにさまざまな政治的条件の下で資本主義が――少なくとも一定期間は――繁栄しうるかを示すもう一つの実験である。しかし、権威主義的・独裁制的状況のもとで長期にわたり市場と国家がどれほど両立可能かの判断は、時を経てはじめて可能になるだろう。ロシアでは、一九九〇年代における資本主義への移行は、経済からの国家の部分的自主撤退をもたらしたが、同時に、経済状態の悪化と空前の不平等、そして社会関係の大きな毀損《きそん》にも導いた。ただし二〇〇三年頃からは、国家の影響力がふたたび強まる強い傾向が認められる。これと比べるとインドは、ここ二〇年あまりのあいだ、全体としてむしろ経済自由主義的な路線をとっている(41)。

以上のような歴史上の諸例が示すように、資本主義の成立・発展・存続にとって国家の介入は不可欠だった。現在もそうであり、今後さらに介入の重要性は増すだろう。その理由は三点にまとめることができる。まず一つには、資本主義的な取引をそもそも可能にする基盤である市場は、政治的手段によってのみ作り出されうる枠組み条件を前提とする。すなわち、通商を分断し制約するさまざまな障壁(ギルド規制のような封建制的な障害、交易の独占や特権、移動に対する罰金や通行税など)

(41) 各国の状況についてのすぐれた素描として、Fulcher 2004, 89–134; Appleby 2010, ch. 11; Kwon 2010; Naughton 2007; Hung 2013; Myant/Drahokoupil 2010; Chandrasekhar 2010; Rendall 1997; アフリカの資本主義について、Cooper 2003 and 2009.

の除去、最低限の平和的秩序の保障、契約ないし契約に類した合意を締結し履行するためのルールの提供。こうした仕事は市場にはできない。資本主義の離陸には政治的力の投入が不可欠だったし、それは今後も変わらないだろう。地域をまたがる市場が成り立つ前提条件は、しばしば暴力の行使、たとえば戦争や植民地化の過程における暴力の行使から生まれた。

第二に、ここ数十年の間に、資本主義的諸過程が、それを制約し、しかし安定させもする土台への埋め込みから切り離され、さらにそれ自身の内部でさまざまに分化するにつれて、この諸過程の不安定性が増していった。この点は、オーナー資本主義から経営者資本主義への移行、そしてさらに金融化という資本主義の現段階への移行に即して先に示したところである。この金融化の段階では、投資機能がそれ以外の諸機能（たとえば企業のマネジメントや人事政策）との結びつきから離れて独立した力となり、新たな埋め込みによってそれが制約されない限り、自己倒壊に至るほどになった。政府の指導や監督は、この新たな埋め込みとして、唯一ではないが重要な役割を果たしている（もっとも、北大西洋地域の外の多くの諸国では、様相はまったく異なっている。そこでは縁故主義、庇護関係、腐敗——つまり特別な種類の「埋め込み」——が大きく広がり、その結果、「家産制的資本主義」、「縁故資本主義（crony capitalism）」と批判をこめて呼ばれるような諸特性をもつシステムが形成されている[42]）。

第三に、資本主義は、まさにその進んだ段階で、社会的・文化的・政治的環境に対して妨害的・破壊的に働き、社会による資本主義の受容を疑問としかねないような発展を遂げている。たとえば、一定の必然性を以て繰り返される深刻な恐慌を想起すればよい。一八七三年、一九二九／一九三〇年、そして二〇〇七／二〇〇八年のそれが示すように、恐慌は普通、金融恐慌として始まり、しかしやがて「実体経済」に深刻な諸結果をもたらす。それは広範な層の人々の生活を損ない、社会的・政治的混乱にもつながりうる。しかし同時に、まさに順調に発展する資本主義がもつ長期的な分極化効果にも目を向けねばならない。福祉国家的な対抗措置がとられなければ社会的分極化につながる工業化と賃労働、そして労働者の抵抗の間の周知の関連だけを考えているのではない。むしろ近世のオランダ、一九世紀の工業化、そして、ここ数十年の経験から得られる知見が示すもの、つまり、資本主義的な成長は、補正的な対抗措置がとられなければ、たとえ大量の人々の窮乏化には至らないとしても——現実はそれとはまったく逆だった——所得・資産の不平等の拡大を随伴する、ということである。ここ数十年の間に平均所得との距離をめまいがするほどに高めた経営者の法外な高収入は、不平等の複雑な拡大の、小さいがよく目立ち、とりわけ人をいらだたせる一部分でしかない。このような不平等の拡大は、とくに民主主義的政治文化の下では不当なものと受け取られ、長期的にはシステム全体の正当性を疑問としかねない。資本主義が抱える問題を孕《はら》んだ他の諸帰結については、終章で論じる。(43)

歴史上の諸経験が示すのは、社会の不安定化につながる資本主義の諸帰結は、国家の諸方策によ

(42) Becker 2013, 8 f. を参照。

って少なくともその影響を緩和しうるということである。もとより、このような方策を抵抗に抗して発動し、的確に実行するだけの強さを国家が備えている限りのことではあるが。この点で、国による補正的・予防的な介入への要求が、長期的に高まっている。とりわけ、政治的にアクティブな公衆が多くの国でより敏感になり、声を強め、そして要求の水準を高めており、そして今後ともこの傾向が強まるだろうと思われるだけになおさらである。しかし、政治システムが必要な措置を行う能力は、しばしば限られている。経済的・社会的弊害が社会運動および国家の介入につながり——それらがうまく働けば——資本主義の社会的受容、したがってまた、それが存続する力を高めることになるかどうかは、明らかに抵抗文化の存否、政治的公衆の発達の程度、政治システムの特性によって大きく左右される。一九世紀末以降の福祉国家の発展は、その最善の例である。今日の資本主義が文明化に向かう同様のプロセスは、ますます国境を越えてグローバル化する資本主義と、なお基本的に国民国家を単位とする政治権力の組織とのミスマッチによって妨げられている。力強さを保ち続ける資本主義のダイナミズムに対抗する力を備え、これをチェックすることができる国を超えたグローバルな統治機構は、なお遠い彼方にある。未解決の問題である。

(43) おおざっぱに言うと、所得・資産の不平等は、ヨーロッパでは一九世紀に拡大し、二〇世紀初頭から一九七〇年代初めまでは縮小し、その後ふたたび拡大した。Van Zanden 1995; van Zanden et al. 2014a; Atkinson 2015; Pikkety 2014. ただし、資本主義と不平等との結びつきは、政治と市民社会によってとられる諸措置によって影響されうる。さもなければ、たとえばすべてのＯＥＣＤ諸国で認められる所得の不平等の拡大が、なぜいくつかの諸国ではより深刻で、他の諸国でははるかにその程度が低かったかを説明することができなくなるだろう。不平等がとくに深刻なのは、たとえば合衆国、トルコ、チリであり、スカンディナビア諸国でははるかに微弱である。

第五章　展望

資本主義の概念は、相違を表す言葉として始まった。それは、それが現実として描くものを、目に見えあるいは想像しうるオルタナティブから区別する限りでのみ意味を成した。くり返しくり返しこの概念は、何か別のもの、たいていは何らかの社会主義との対比によって活力を得てきた。今日では、資本主義と区別することができ、あるいは区別さるべきであるような、目に見えあるいは想像しうるどのようなオルタナティブがあるかが、しばしば判然としなくなっている。この概念につきまとういくつかの困難、とくに、時にそれがほとんどすべてを包摂するように見える性格は、この結果であるかもしれない。

この概念は、同時に批判と分析の道具として現れた。この概念は、今日までそれを特徴づけ続けているこの二重の機能から力と魅力をくり返し引き出してきた。しかし、この二重の機能がしばしば曖昧《あいまい》さと党派性を結果としてもたらし、それが、学術的分析の道具としてのこの概念にとって重荷となった。

一方では、多くの歴史家を含むますます多くの著作家が、この概念を有用と考えている。少なくとも英語やドイツ語などいくつかの言語、合衆国など若干の諸国ではそうである。(1) とくに、歴史の現実の経済的・社会的・政治的・文化的諸次元のあいだの複雑な結びつきを論じ、広範囲の空間的・時間的比較を行い、その総合を行おうとするとき、この概念は明確な強みを示す。

他方、この概念は、過去・現在・未来についての根本的な論争を呼び起こす解釈上の概念として用いられ続けている。それは、学術の世界の外でも、知的・政治的論争に確実に一定の役割を演じている。一九〇〇年頃の初期の時期同様、この概念は今また、時代の大きな諸問題、現代の文明の根本的諸問題を理解するための視野を開いている。

この概念に、つねにネガティブな意味合いがつきまとっているわけでは決してない。それどころか、きわめてポジティブな評価を伴いつつそれが用いられることもある。たとえばミルトン・フリードマンに関しては、このことにまったく疑いはない。一九六二年に彼は、「競争的資本主義――自由な市場で行動する私企業を通じてなされる巨大な経済活動の組織――を、経済的自由のシステム、政治的自由の必要条件」と考えた。ゲーリー・ベッカーは一九九七年に、一切の限定なしに次のように論じた。「自由な市場を伴う資本主義は、経済的福利と政治的自由の両者を高めるためにこれまでに考案されたなかで最も有効なシステムである。「シカゴ学派」の経済学は何十年にもわたってこう論じてきたのだが、しかし、理論においても過去の歴史においても真実であるものが現代の世界でも正しい、ということが示されるには、共産主義のドラマチックな終焉が必要だった」。この二人の経済学者は「新自由主義的」なシカゴ学派の強い影響力をもつ代表的存在であり、彼らの業績に対してノーベル経済学賞が与えられた。一般向けの書物でも、資本主義という言葉はポジティブな意味合いで用いられている。(2)

資本主義の歴史をしっかりと見、さらに、資本主義的でなかったか、あるいはほとんどそうでなかった過去何百年もの間の生活について何ほどか知る者であれば、世界の大部分（すべてではないとしても）で、とくに富裕な上層には属さない多くの人々の下で実現された物的生活条件の改善、貧困の克服、寿命の延びと健康の増進、選択肢の拡大、そして自由の巨大な進歩に強い印象を受けざるをえないだろう。(3) このような進歩は、振り返ってみれば、事態をつねに揺り動かし、前に進め、物事の姿を変える資本主義特有の力なしでは起こらなかったと言えるだろう。知識の増大や技術変化、あるいは工業化のような他の説明要因を進歩の原動力としてむしろあげる者は、長期にわたって成功した工業化が、これまでのところどこでも資本主義を前提としていたことを想起すべきであ

（1）すぐれた概観として、Sklansky 2014. Merrill 1995; Zakim/Kornblith 2012 も参照。スペインでは明らかに資本主義の語に対する需要が小さい。Salvucci 2014, esp. 426.
（2）Friedmann 1962, 4; Becker and Becker 1997, 241. Mackey 2013 は、「ビジネスの英雄的精神を解き放つという意識を持った資本主義」について語っている。ドイツを事例として、Bergheim 2007.
（3）きわめて有用な概観として、Van Zanden et al. 2014b. Vries 2013 も参照。

る。さらにまた、初期の書籍印刷に始まり、批判的公衆による政治的印刷物から今日のインターネットに至るメディアの歴史が示すように、知識の広がりもまた、資本主義の諸原理によって大きく操舵《そうだ》されてきた。これまでのところ、資本主義に対するすべてのオルタナティブは、繁栄を生み出すことについても自由を実現することについても、資本主義より劣っていることを示してきた。二〇世紀の最後の三分の一における中央集権的な共産主義経済の凋落《ちょうらく》は、この点で、資本主義の歴史的バランスシートを評価する上での鍵となるプロセスだった。

にもかかわらず、資本主義について語り、あるいは書く者が、その暗い側面にふれないことは稀であり、少なくとも言及はなされ、前面に押し出されることもある。資本主義批判は、少なくとも欧米では長い伝統をもち、今でもそれはなおアクチュアルである(4)。

ただし、かつて資本主義批判の中心にあったいくつかのテーマは、周辺に退いている。カトリックの社会教説は、「市場の盲目的崇拝」や「ラディカルな資本主義イデオロギー」(一九九一年の教皇回勅 *Centesimus Annus*)に対して警鐘を鳴らし続けているが、しかしそれは、ローマ・カトリック教会が何世紀にもわたって説きつづけてきた根本的な資本主義批判からは遠く離れている。現在の法王が、疑いなくグローバル・サウス諸国での彼の経験を背景として、カトリック的批判のトーンを再び強めているとしても、やはりそうである。

一八七〇年代以来見慣れたものになった右翼の急進的・人種主義的な資本主義批判は、反自由主義的方向性と反ユダヤ主義の駆動力をもつドイツのナチスの下で頂点に達したが、少なくとも欧米の諸社会では、現時点ではさして大きな力とはなっていない。もっとも、それはなお生きており、容易に再活性化する可能性もあるのだが。

労働者階級の窮乏化は、ドイツなどの諸国では、政治的左翼においてさえもはや資本主義に対する非難の標的にはなっていない。「労働者問題」は――グローバルなレベルでは再発見されうる（されるべきである）としても――富裕な諸国では社会を分断する要因ではなくなっている。ポスト・フォーディズム時代の資本主義的企業によって、働く場を自身で形づくるある程度の見通しを労働者に開くような、作業グループによる個別化された生産が促進され、創造性が、熟練の属性の一つとして高く評価されるだけでなく市場で求められるようになるにつれ、資本主義における労働の疎外に対する批判もいまや鋭さを失った。資本主義は、長く向けられてきた多くの批判を適応によってかわし、姿を変えて批判の意味を大きく失わせるに十分な力を備えているように思われる[5]。経済的利害、とくに軍事産業の売り上げと利益に関わる利害が国際的緊張を高め、戦争を用意する上で重要な役割を果たしていることは否定すべくもないが、しかし、戦争の勃発を主として経済

（4）たとえば、Wallerstein et al. 2013（とくにWallerstein執筆の諸章）; Streeck 2014; Rifkin 2014. 二〇世紀の第二三半期における資本主義について歴史家のほとんどがもつ批判的な諸見解について、Ashton 1963 and Hacker 1963.

（5）このメカニズムについて、Boltanski/Chiapello 2006.

的要因によって説明したり、資本主義の矛盾に帰したりすることから、今日の研究は遠く離れている。むしろ、くり返し指摘されるのは――事業の成功の前提としての――平和への資本家の関心である。[6] ルクセンブルクやレーニンの伝統につながる帝国主義論は、今日では支持を失っている。もう一つ例をあげれば、ドイツとイタリアのファシズムの台頭と勝利を、独占ブルジョアジーの支援、あるいは資本主義の内的諸矛盾に帰することは今では稀になっている。確かに、ヴァイマル共和国の最後の危機に際して保守的エリート（多くの実業家を含む）の大部分がヒトラーに与えた支持は、大工業とナチス戦争経済との双方の利益となる長期間におよぶ協力関係とともに、しっかりと記憶に残っている。しかし、ドイツ社会のきわめて大きな部分がどれほど明確な意志をもって「総統をめざして働いた（worked towards Führer）」（記憶に残るイアン・カーショウの言葉）か、そうした社会層がどれほど多様だったかがこの間知られただけでなく、より強く記憶に刻まれるようになった。この結果、ナチの勝利とその惨憺《さんたん》たる帰結を資本家の責に帰することは、今や責任転嫁の単純化と見られている。ただし、一九三〇年代初めの資本主義の深刻な危機がなければナチの勝利はおそらくなかったろうという認識は、これによって揺らいではいない。[7]

資本主義には現在、さまざまな批判が向けられている。比較的具体的な問題、たとえば金融部門における「構造的無責任」[8] が非難されている。この無責任――それは、資本主義の中心的な基本的諸前提を損なうものでもある――が、一方における決定と、他方における決定の結果に責任をもつこととの乖離をもたらし、その結果、巨額の損失の弁済を国が引き受けることによって（「大きすぎてつぶせない（too big to fail）」）マネーの管理者の法外な利得が可能になる、という事態が生じた。さらに、資本主義の帰結としての不平等の拡大に対する批判が、ますます切迫の色を強めている。その際、人々の関心は、諸国間ないし世界の諸地域間のはるかに深刻な不平等よりは、一九七〇年代以来ふたたび拡大した自国内部の所得と資産の不平等にはるかに強く向けられた。世界的な不平等について言えば、それは一八〇〇年から一九五〇年の間に途方もなく拡大し、それ以後は全体として以前ほどの拡大を示していない。(9) 拡大する不平等に対する不満は公正さの毀損《きそん》に対する抗議におよび、システム全体にとって重要な問題となっている。

以上に加え、絶えざる不安定、やむことのない急《せ》き立ての圧力、極端な個人化。資本主義に内在し、何らかの対抗措置をとらなければ社会的なものの浸食、公共の利益の軽視につながりかねないこうした現象に、抗議の声が向けられている。そしてそれが、そもそも何が社会を一つにまとめるのかという問いにつながっている。同様に根本的なのは、現状を超えて不断に成長し、絶えず拡大することに依存するという資本主義の本性に対する批判、天然資源（環境、気候）、文化資源（連帯、

(6) たとえば、Kirshner 2007.
(7) 最新の研究として、Herbert 2014, ch. 6; Kershaw 2008, 42-44.
(8) Honegger et al. 2010.
(9) この点についてのきわめて優れた研究として、Milanovic 2011. さらに、Galbraith 2012. 第四章註43を参照。

意味）という、資本主義自体の存続にとっても実は必要な諸資源の破壊につながりかねないこのような依存に対する批判である。[10] これと結びついて、市場の限界、カネで買えることの境界がどこにあるのか、あるいは——道徳的あるいは実践的な理由からして——どこに境界が引かれるべきなのか、という気がかりな疑問が現れている。[11] そうした境界がなければならない、つまり、資本主義がすべてに浸透してはならず、社会・文化・国家のなかに支えとなる非資本主義的な橋台が必要だ、ということについては、資本主義の歴史からこれを支持する強力な議論をいくつも引き出すことができる。最も根本的なレベルでは、普遍化可能な諸価値を形成し、それについて合意を得るという民主主義的政治の要請と、他方、民主主義的政治と道徳的な社会形成を回避する資本主義のダイナミズムとの乖離が、解決の困難な問題であり続けている。最後に、（西洋的）近代を象徴的に体現するもの、あるいは端的に悪そのものとして「資本主義」を拒否するという形の大括りの批判も見逃すことはできない。[12]

本書が示した歴史的概観は、何世紀にもわたって資本主義がその姿を大きく変えてきたことを示している。資本主義への批判は、資本主義の発展を妨げなかった。しかし、たとえば「資本主義における労働」、「市場と国家」に関する節でとくに示したように、資本主義批判は、社会運動・政治運動と結びつきつつ、資本主義がその姿を変える重要な原動力となってきた。そして今後もまた、そうであり続けるだろう。なぜなら資本主義は、その下でそれが発展する社会的・政治的諸条件を決めるものではないからである。資本主義は、さまざまな政治システムの下で——独裁的支配の下でも（少なくとも一時的には）——繁栄しうる。資本主義と民主主義との親和性は、長い間期待され、信じられてきたほどには明白でない。資本主義は、自身の目標を自身では定めない。資本主義は、多様な社会的・政治的目標に役立ちうる。資本主義は、持続可能性をより高める方向への経済の軌道修正も、もしこれを目標として設定するために十分な政治的圧力と、そして、それに応える政治的決断が動員されうるのであれば、そうした目標の一つになりうるだろう。資本主義は、その社会的・文化的・政治的な埋め込みの土台をそれがどれほど脅かし蝕《むしば》んでいようとも、そうした土台に依拠して生きている。資本主義は学ぶことができ、そうした利点を民主主義と共有している。政治的諸手段、市民社会の諸手段によって資本主義に影響を与えることは、それらが十分強力で断固たるものでありさえすれば可能である。歴史の概観がこれを示している。

ある意味では、すべての時代、すべての地域、すべての文明が、それぞれにふさわしい資本主義をもっている。現時点では、資本主義に対して優位に立つオルタナティブの存在を確認することは

(10) たとえば Klein 2014. ただし、Mann 2013, esp. 94 f. を参照。彼は、資本主義と気候変動との関係をはるかに広く、かつより多様な視野のなかで説得的に位置づけている：「近代という時代の三つの偉大な勝利——資本主義、国民国家、そして市民の諸権利——が環境危機に対して責任がある」。
(11) Sandel 2012.
(12) その諸例が、イスラムに関する Tripp 2006, 150-193 に見られる。ただし、資本主義のこのような大括りの非難は、欧米でも見られないわけではない。

できない。しかし、資本主義の内部であれば、きわめて多様なバリエーション、オルタナティブを考えることはできるし、部分的には実際にそうしたものを見いだしうる。重要なのは、そうしたバリエーション、オルタナティブの発展である。資本主義の改革は終わることのない課題である。そしてそこでは、資本主義批判が中心的な役割を果たす。

訳者あとがき

本書は、Jürgen Kocka, *Geschichte des Kapitalismus*, 3. überarbeitete Aufl., 2017 München の全訳である（初版は二〇一三年の刊行。この第三版は改訂版である）。ただし、同書の英訳（*Capitalism. A Short History*, translated by J. Riemer, Princeton U. P.: Princeton/Oxford 2016）を参照し、ドイツ語版の内容に一部手を加えてある。英語版にはドイツ語版にはない追加的記述、内容を書き換えた部分が少なからずある。ドイツに限らない国際的な読者を念頭においたため、そしてドイツ語版では出版社による紙数の制限が厳しかったため、とのことである（訳者への著者の私信での説明）。ただし、両版で内容の異なる箇所を比べたとき、ドイツ語版の方がすぐれていると思われるものもあり、私に一任するとの著者の許しを得て、訳者の判断で適宜選択した。また、本書が長大な時間と空間におよぶ歴史をきわめてコンパクトにまとめたものであることにもよってか、語句や論旨の理解に困難を覚えるところもあり、それらは著者に確認しつつ補足・修正を行った。したがって本訳書は、英独いずれの版とも異なる独自の「日本語版」と言ってよいかもしれない。

本書の著者ユルゲン・コッカ氏について多言は不要であろう。一九七〇年代から八〇年代にかけて世界の歴史学を牽引した西ドイツ社会史の旗手として登場して以来、健筆の休むことなく、今やドイツのみならず世界の歴史学界の重鎮中の重鎮として揺るぎない地位を占めている（コッカ氏の略歴・業績については、同氏の著書『市民社会と独裁制』（岩波書店）に付された訳者・松葉正文氏の懇切な紹介を参照されたい）。とくに本書は国際的に大きな反響を呼び、これまでにアメリカ合衆国、フランス、スペイン、イタリア、フィンランド、セルビア、韓国、中国の八ヶ国で翻訳がなされ、この日本語版は九番目の外国語訳にあたる（さらにヘブライ語への翻訳が予定されていると聞く）。

なぜこれほどの反響を呼んだのか。英語版の表紙カバーに転記された本書の書評の一節には、「現在の議論に求められる長期的な視野を提供するグローバルな資本主義の珠玉の物語」、「すこぶるクリアーで、厳密な概念に立脚し、そしてきわめて簡潔」などの賛辞が並んでいる。複数の評者によるこうした賛辞がたんなる社交辞令でないことは、本訳書の読者には容易に理解されるものと思う。

私自身はと言えば、人文書院から翻訳の依頼を受けたとき、実はさほど乗り気だったわけではない。何より勤務先の大学の役職に関わる仕事や自分自身の研究で精一杯の状況にあり、それに、資本主義の歴史の概説という内容に今ひとつ強い興味をひかれなかった。しかし、翻訳の作業を進めるなかで、これは日本の歴史学、とくに経済史学にとって、そして西洋経済史を専門とする私自身にとっても重要な書物だと思うようになった。解説代わりに、本書についての私なりの解釈を記しておきたい（以下、「氏」という敬称をしばらく外す）。

戦後の日本の経済史研究が、いわゆる「大塚史学」を軸として展開したことはあらためて言うまでもなかろう。しかし、長い年月が経ち、さまざまな批判を受けるなかで、大塚の研究は、大塚史学論として以外は今やほとんど顧みられなくなっている。そもそも経済史学なるもののあり方が大きく変わってしまった。大塚にとって――そして当時の日本の経済史学にとって――経済史学とは「歴史学と経済学の中間領域に成り立っている学問」(『大塚久雄著作集　第九巻』二五五―二五六頁)であり、その場合の経済学とは何よりいわゆる「マルクス経済学」だった。そのマルクス経済学の凋落《ちょうらく》は、経済史学から理論的・概念的基盤を奪うことになった。かつて「近代経済学」と呼ばれた現在主流の経済学の諸概念は、新制度派の存在をふまえても、やはり歴史学との相性が悪いと言わざるをえない。

本書で私が出会ったのは、かつて私自身、なにより大塚の研究を糸口にして学んだマルクス、そしてマックス・ヴェーバーなどの諸概念であり、それらの概念を踏まえつつ大塚が提示したさまざまな問題設定の枠組みを想起させるいくつもの議論だった。

たとえば、資本主義を近代に限らない歴史通貫的なものと捉えた上で、近代資本主義に固有の特質を探り、その決定的な特質の一つを「二重の意味で自由な賃労働」の本格的展開に見ていること(一三六―一三八頁)。資本主義が流通の領域を超えて生産の領域に広がり、労働のありようを変えた――それは、一八世紀後半以降におけるイギリスを起点とする工業化の進展によって初めて可能になった――ことに、資本主義の諸原理が経済全体のなかで支配的な位置を占める「資本主義システム」（近代資本主義）の本格的確立の画期を見ていること（三二一―三三、五三―五四、七六、一〇八―一一〇、一二一―一一六頁）。封建制を資本主義発展の重大な制約要因と捉えた上で、ただし、東欧圏では不自由労働を基礎とする輸出指向の大経営的農業資本主義（農場領主制）が一六世紀以降広がり、その一方で、オランダやイギリスでは国内市場の密度の高まりを背景としつつ、自由な賃労働に依拠した農業経営が発展していった、というヨーロッパにおける東西の対比（八三―八八頁）。そのオランダとイギリスについて、前者は輸出と国際的金融業務に経済の軸を移していったのに対し、後者では製造業でも資本主義が発展し、さらにオランダに比して一層国内需要にも依拠した経済成長が実現された、との指摘（九五頁）。こうしたことが、最新の研究水準（文献リストを見よ）を踏まえながらなされている。

ただし、大塚史学の諸命題がそのまま再現されているわけではない。なにより、大塚の研究の核心ともいうべき「中産的生産者層」対「前期的資本」という対抗の構図は、本書には見られない。本格的工業化に先立って展開したいわゆる「プロト工業」は――とコッカは論じる――多くは都市の商人層（問屋商人）が小農層・下層農を家内工業として組織する形をとった。それは、「製造業の世界に資本主義が入り込む最も重要な入り口」であり、とくに繊維部門で農村工業の成立に貢献したのではあるが、しかしこのプロト工業から本来の工業化への連続的な移行は例外的でしかなかった（九〇―九四頁）。封建的領主層と結びつく都市の特権的商人層（前期的資本）と敵対しつつ成長する農村の毛織物業者（中産的生産者層）に近代資本主義の淵源を求める大塚的「系譜」論は、ここにはない（六〇―六二頁も参照）。

もっとも、大塚とのこうした相違にかかわらず、世界的規模での流通ネットワークの形成を重視する世界システム論的立場――そこでは、中核では「自由な賃労働」、半辺境では分益小作制、辺境では奴隷制などの強制労働というように異なる労働制度の存在を確認しつつも、しかし、それらは不可分の一体としての世界システムの一部を成すのであるから、中核地域の「自由な賃労働」のみを取り出して近代資本主義の成立を云々するのは誤った認識である、と考えられる――からすれば、右のようなコッカの議論は、事の本質を見誤った時代遅れの認識ということになるだろう。また、「一八〇〇年頃、商人資本主義を超えた形をとり、システム全体を規定する力を備えた資本主義がヨーロッパの現象だったことは明らかである」（一〇五頁）というコッカの指摘も、古くさい「ヨーロッパ中心史観」を引きずったものとして一蹴されるかもしれない。しかし、世界システム論的立場の流れをひく代表的研究と目されるポメランツ『大分岐』（右のコッカの指摘は、同書に対する批判的コメントと結びついてなされている）に対しては、たとえば中国史の専門家から、それが依拠する数量データの信憑《しんぴょう》性、比較対象の選択の恣意性など根本的な問題が指摘されており（村上衛「『大分岐』を超えて――K・ポメランツの議論をめぐって」『歴史学研究』九四九、二〇一六年）、西欧とアジアの「大分岐」に関するポメランツの議論はそのまま受け入れうるものとは言えない。ウォラーステインの議論に対しても種々批判がなされている（さしあたり、C. Torp, Die Weltsystemtheorie Immanuel Wallersteins. Eine kritische Analyse, in: *Jahrbuch für Wirtschaftsgeschichte*, 1998/1 を参照）。

コッカがグローバル史の観点に背を向けているわけではまったくないことは、本書の随所に示されている。ただし、グローバル史のみが説得力をもつかのような、昨今往々にして見られる風潮とは、コッカの議論は一線を画しているように思われる。資本主義の長い歴史を振り返ってコッカは、市場と国家、経済と国の政策との密接な絡み合いが歴史的には通例だったこと、そして、そうした国家、国の政策はさまざまでありえた（ありうる）こと、端的に言えば、資本主義は民主主義の下でも独裁政権の下でも繁栄しえた（しうる）ことを確認する（一五六、一七八―一七九頁）。事態がそのようであれば、一国の政治制度・社会制度と絡めつつそれぞれの経済システムの特質を解明する――それは、各国の経済システムを外の世界と切り離して捉えることを意味しない――ことが課題とならざるをえず、本書にはそうした検討が各所にちりばめられている。内容から言えば、たとえばウォラーステインの近代世界システム論にもそうした分析は多々含まれているのであるが、しかし、自律的なシステムは資本主義的な「世界経済」のみであり、主権国家や国民国家はそうしたものとは見なしえない、とするウォラーステインのアプローチとコッカのそれとは、やはり異質である。

こうしたアプローチの相違は、最も基底のところで、コッカが歴史に向き合う際の問題意識に由来すると私は思う。本書の末尾でコッカは、「資本主義は、自身の目標を自身では定めない。資本主義は、多様な社会的・政治的目標に役立ちうる」と述べている。だとすれば、どのような「社会的・政治的目標」をわれわれが持とうとするのかが問われることになろう。そしてコッカ自身は、明らかに「民主主義」をそうした目標として擁護する立場に立っている（一七九頁）。民主主義の実現にとっては、各国の政治制度・社会制度が――ここでも外の世界との関係を切り離しえないことはもちろんだが――まずもって問題とならざるをえず、資本主義の歴史を検討する際も、各国の政治・社会制度の独自性と経済との関連が不可欠の問題として重視されることになろう（比較社会経済史とも呼ばれた大塚史学が、まさにそうした問題意識の下で近代資本主義成立の歴史を検討したことを付言しておく）。

ポメランツなどの研究に接して私が何より不満を覚えるのは、結局のところ数量レベルで見た経済成長という一点に収斂《しゅうれん》する形で議論が展開されていることである。経済以外の諸要因は基本的に、成長を促進するか否かという説明要因として論じられる。しかし、経済成長が最終的には民主主義につながるであろうとの観測が大きく揺らぎ、開発独裁の形をとった経済成長が異様な速度で広がりつつあるように見える現在、成長の要因のみを探る議論はまさに「時代遅れ」ではあるまいか。そうした問題意識に立ったとき、コッカが提示した資本主義の歴史の鳥瞰図は、われわれが現在の世界を考える上での重要なよすがを与えてくれるように思う。

以上述べたところからも知られるように、本書はコンパクトな概説書でありながら、研究史の批判的評価を踏まえた――経済史を含む諸種の教科書でしばしば見られる、この問題についてはこういう研究がある、という「紹介」にとどまらず、そうした研究について著者自身の判断が下される

——本格的学術書としての内容を備えている。ただし、専門の研究者にとどまらない広い読者を想定した概説書であることも確かであり、日本語への翻訳に際しては、そうした読者に少しでも理解しやすくするよう心がけたつもりである（何ヶ所かには、本文中に［　］に入れて訳註を付した。また、原著にはない事項索引を作成した）。もっとも、著者の文体（ドイツ語）は緊密であり、そうした文体の緊張感を翻訳でも損なわぬようにしたいと思った。

また、本書が論じる対象がきわめて広範囲にわたることもあり、訳語の選定にはしばしば苦慮した。それぞれの専門領域で通例の訳語を探し出す作業はもとより（ただし、「定訳」をあえて変えた場合もある）、ドイツ語や英語であればとくに訳し分けなどする必要のない言葉を日本語にしたとたんにそうではなくなる、というような問題にもたびたび遭遇した。たとえば、Kapital/capital には「資本」と「資金」の二つの意味が切り離しがたく含まれている。Handel/trade or commerce（交易、商業、通商、取引）、Westen/West（西洋、西欧、欧米）、Familie/family（家族、親族、一族、同族）なども同様である。ドイツ語の Gewerbe は、手工業、工業、場合によっては鉱業をも含めた「製造業」と訳せる場合もあるが、商業を含む場合もある（その場合は「商業・製造業」と訳した）。これらは文脈にしたがって（必要であればコッカ氏に確認しつつ）適宜訳し分けたが、もともとは同じ言葉であることを念頭においてお読みいただきたい。Händler（traders）と Kaufleute（merchants）の違い（前者は比較的小規模、後者は比較的大規模な商人）、Heimarbeiter と Hausindustrielle の違い（前者は副業、後者は主業としての家内工業従事者。ただし、両者の区別は相対的でしかない）も私には不確かだったが、コッカ氏に確認して教えていただいた。いずれにせよ、訳語を含む翻訳に不備があれば、ぜひともご批判・ご教示をいただきたい。

本書の内容に関わって、一点補足しておく。コッカ氏は、「企業（活動）」（Unternehmung/Unternehmen）を「資本主義」の定義に加えることを避けている。「企業」を資本主義のメルクマールに加えた場合、企業という明確な形をとらない資本主義的経済活動を分析の対象から除外することになる、という考慮によるものである（三〇―三一頁）。これと関連して氏は、ヴェーバーが「企業」の存在を近代資本主義の定義の中心においた、と述べている（一三八頁、さらに一八一―一九頁）。しかし、ヴェーバーの「企業」概念は、氏の理解とは違っているように思う。

「企業活動（Unternehmen）とは、交換を通じて利益を獲得するために市場でのチャンスを指向する営利経済（Erwerbswirtschaft）を意味する。この意味での企業は、たとえば個々の航海――そうしたものから、中世初期における資本主義的会社形成の形態、コンメンダが生まれた――のようなその都度の企業活動であることもあり、あるいは継続的経営でもありうる」。「資本主義は、ある人間集団の営利経済的需要充足が――その需要がどのようなものであれ――企業を通じてなされるところに存在する。分けても、合理的な資本主義的経営とは、資本計算を伴う経営、つまり、近代的な簿記という手段により、そして［…］貸借対照表の作成により、その収益性を会計を通じて管理する営利経営である。［…］一二世紀のジェノヴァ、そしてローマ帝国における資本主義的経済活動の存在にふれた後］しかし、ある時代全体を典型的に資本主義的と呼びうるのは、需要充足の重点が資本主義的指向をもち、この種の組織抜きではそもそも需要充足が崩壊してしまうような場合のみである」（*Abriß der universalen Sozial- und Wirtschaftsgeschichte* (*Max Weber Gesamtausgabe*, III/6), S. 86, 318/『一般社会経済史要論』岩波書店、上巻、一六頁：下巻、一一九―一二〇頁）。

以上に見られるようにヴェーバーは、「企業（活動）」を近代資本主義に限ってはおらず、したがって、右の引用にも示されるように、近代以前の諸社会における「企業」についても語っている。ただし「企業」が経済全体の根幹を成すに至るのは近代においてであり、また、「合理的経営」の全般化も近代資本主義に固有の現象と捉えられている。コッカ氏が作業上の定義として示す「分散、商品化、蓄積」（三一頁、註20）という特質は、ヴェーバーによる「企業」の概念規定と合致するものと見ることができる。一方、「企業」についてのコッカ氏の概念規定――国家等の諸機関や家政からの独立、「自由な」賃労働など――は、ヴェーバーのそれよりはるかにリジッドで、近代資本主義に強く引きよせられたものになっている（三〇―三一頁）。ここから、「企業」を――近代に限定されない――資本主義の概念規定からはずす、という氏の判断も論理必然的に生まれてくる。

以上の点はコッカ氏に疑問として提示し、コッカ氏は、ヴェーバーの「企業」概念について誤解のあった可能性を認めたうえで、ただし本書ではそのままにしておくとの意向を示された。本書がすでに、いわば著者の手を離れた独自の生命を得ているなかで、それは一つの判断であろう。いずれにせよ、ヴェーバーの規定にしたがって「企業」概念を書き換えたとしても――私自身はそれが適切と考える――、資本主義一般と近代資本主義との対比を一つの軸とする本書の議論の根幹は揺るがないだろう。
最後に、人文書院編集部の松岡隆浩氏に一言お礼申し上げたい。同氏から本書の翻訳の依頼を受けたのは昨年二月のことである。年内には原稿が仕上がるだろう、とお約束したものの、結局半年あまり遅れてしまった。この間、辛抱強くお待ちいただきつつ、勘所では的確なご支援とアドバイスをいただいた。先にふれたように、翻訳の依頼を受けた当初はさほど乗り気ではなかったのだが、終わってみて、得がたい勉強をさせていただいたと感謝している。私自身、西洋経済史を専攻しながら、経済史プロパーの研究にはいまひとつ興味をもてなくなっていた。「「経済史的な余りに経済史的な」立場はこれを超えねばならぬ」(『大塚久雄著作集 第二巻』三六八頁)。コッカ氏の著書は、「余りに経済史的」でない経済史――コッカ氏は本書を「経済史」の書物とは規定していないが――、しかも現代社会の抱える諸問題と直接対峙する経済史を構築することがなお可能であることをわれわれに示しているように思う。もとより、コッカ氏の著書が「最後の答え」であるわけではない。本書の議論を、コッカ氏がそうしたように最新の研究水準を踏まえつつ検証し、われわれ自身の「資本主義の歴史」を描くことは、困難ではあるが大きな意味のある課題と思う。

二〇一八年夏

訳者

Windolf, P., ed. (2005). *Finanzmarkt-Kapitalismus: Analysen zum Wandel von Produktionsregimen*. Wiesbaden.

Winkler, H. A., ed. (1974). *Organisierter Kapitalismus: Voraussetzungen und Anfange*. Gottingen.（H・A・ヴィンクラー『組織された資本主義』保住敏彦訳，名古屋大学出版会，1989年）

Wolfe, T. (1987). *Bonfire of the Vanities*. New York.（T・ウルフ『虚栄の篝火』中野圭二訳，文藝春秋，1991年）

Zakim, M., and G. J. Kornblith, eds. (2012). *Capitalism Takes Command: The Second Transformation of 19th Century America*. Chicago.

Zeuske, M., ed. (2013). *Handbuch Geschichte der Sklaverei: Eine Globalgeschichte von den Anfangen bis heute*. Berlin.

技術の発展』松尾博訳，ミネルヴァ書房，1997年）
Vogl, J.（2010/2011）. *Das Gespenst des Kapitals.* 2nd ed. Zurich.
Vosco, L. F. et al., eds.（2009）. *Gender and the Contours of Precarious Employment.* New York.
Vries, P.（2012）. "Europe and the Rest: Braudel on Capitalism." In G. Garner and M. Middell, eds., *Aufbruch in die Weltwirtschaft: Braudel wiedergelesen,* 81–144. Leipzig.
———.（2013）. *Escaping Poverty: The Origins of Modern Economic Growth.* Gottingen.
Wallerstein, I.（1974, 1980, 1989, 2011）. *The Modern World-System.* Vols. 1–3: New York; vol. 4: Berkeley, CA.（I・ウォーラーステイン『近代世界システム』Ⅰ～Ⅳ，川北稔訳，名古屋大学出版会，2013年）
Wallerstein, I. et al.（2013）. *Does Capitalism Have A Future?* Oxford.（I・ウォーラーステイン他『資本主義の未来はあるか――歴史社会学からのアプローチ』若森章孝・若森文子訳，唯学書房，2019年）
Weber, M.（1988）. *Gesammelte Aufsätze zur Religionssoziologie* I u. II. Tübingen.（M・ヴェーバー『宗教社会学論選』大塚久雄・生松敬三訳，みすず書房，1972年；その他部分訳）
———.（2006）. *Zur Sozial- und Wirtschaftsgeschichte des Altertums. Schriften und Reden 1893–1908*（= Max Weber Gesamtausgabe, I/6）. Tübingen, 2006.
———.（2012）. *Abriß der universalen Sozial- und Wirtschaftsgeschichte. Mit- und Nachschriften 1919–1920.* Ed. by Wolfgang Schluchter and Joachim Schröder（= Max Weber Gesamtausgabe, III/6）. Tübingen.（M・ウェーバー『一般社会経済史要論』上・下，黒正巌・青山秀夫訳，岩波書店，1954/55年）
———.（2013）. *Wirtschaft und Gesellschaft. Soziologie. Unvollendet 1919–1920.* Ed. by Knut Borchardt et al.（= Max Weber Gesamtausgabe, I/23）. Tübingen.（M・ウェーバー『経済と社会』世良晃四郎他訳，創文社，既刊 6 巻，1960–1970年）
Williams, R.（1976）. *Keywords: A Vocabulary of Culture and Society.* New York.

Levine, ed., *Proletarianization and Family History*, 1-85. Orlando.
Tilly, C., and C. Tilly. (1998). *Work under Capitalism*. Boulder, CO.
Tripp, C. (2006). *Islam and the Moral Economy: The Challenge of Capitalism*. Cambridge.
Troeltsch, W. (1897). *Die Calwer Zeughandlungscompagnie und ihre Arbeiter: Studien zur Gewerbe- und Sozialgeschichte Altwürttembergs*. Jena.
Udovitsch, A. L. (1970). *Partnership and Profit in Medieval Islam*. Princeton, NJ.
———. (1988). "Merchants and Amirs: Government and Trade in Eleventh Century Egypt" *Asian and African Studies* 22: 53-72.
Van Bavel, B. (2010). "The Medieval Origins of Capitalism in the Netherlands." *Low Countries Historical Review* 125, nos. 2-3: 45-79.
Van der Linden, M. (2008). *Workers of the World: Essays toward a Global Labor History*. Leiden.
———, (2014). "Who is the Working Class? Wage Earners and Other Labourers." In M. Atzeni, ed., *Workers and Labour in a Globalized Capitalism: Contemporary Themes in the Theoretical Issues*, 70-84. Houndmills, UK.
Van der Linden, M., and J. Rojahn, eds. (1990). *The Formation of Labour Movements 1870-1914*. 2 vols. Leiden.
Van der Wee, H., and G. Kurgan-van Hentenryk, eds. (2000). *A History of European Banking*. 2nd ed. Antwerp.
Van Zanden, J. L. (1995). "Tracing the Beginning of the Kuznets Curve: Western Europe during the Early Modern Period." *Economic History Review* 48: 643-64.
———. (2009). *The Long Road to the Industrial Revolution: The European Economy in a Global Perspective, 1000-1800*. Leiden.
Van Zanden, J. L. et al. (2014a). "The Changing Shape of Global Inequality 1820-2000." *Review of Income and Wealth* 60, no. 2: 279-97.
———. eds. (2014b). *How Was Life? Global Well-Being since 1820*. Paris.
Veblen, T. (1914). *The Instinct of Workmanship and the State of Industrial Arts*. New York.（T・ヴェブレン『経済的文明論——職人技本能と産業

testantische Ethik und der Geist des Kapitalismus. Frankfurt.
Steinfeld, R. J. (1991). *The Invention of Free Labor: The Employment Relation in English and American Law and Culture, 1350–1870*. Chapel Hill, NC.
———. ed. (2001). *Coercion, Contract and Free Labor in the Nineteenth Century*. Cambridge.
Streeck, W. (2009). *Reforming Capitalism: Institutional Change in the German Political Economy*. Oxford.
———. (2013). *Gekaufte Zeit. Die vertagte Krise des demokratischen Kapitalismus*. Frankfurt.（W・シュトレーク『時間かせぎの資本主義——いつまで危機を先送りできるか』鈴木直訳，みすず書房，2016年）
———. (2014) "How Will Capitalism End?" *New Left Review* 87 (May/June 2014b): 35–64.
Subrahmanyam, S., ed. (1994). *Money and the Market in India 1100–1700*. Oxford.
Swanson, P. (2012). *An Introduction to Capitalism*. London.
Swedberg, R. (1998). *Max Weber and the Idea of Economic Sociology*. Princeton, NJ.（R・スヴェードボリ『マックス・ウェーバー——経済と社会』泉田渡・柳沢幸治訳，文化書房博文社，2004年）
Tawney, R. H. (1926). *Religion and the Rise of Capitalism: A Historical Study*. London（R・H・トーニー『宗教と資本主義の興隆』上・下，出口勇蔵訳，岩波文庫，1956/59年）
Teich, M., and R. Porter, eds. (1996). *The Industrial Revolution in National Context: Europe and the USA*. Cambridge.
Temin, P. (2012). *The Roman Market Economy*. Princeton, NJ.
Thomas, K., ed. (1999). *The Oxford Book of Work*. Oxford.
Thompson, E. P. (1963). *The Making of the English Working Class*. London.（E・P・トムスン『イングランド労働者階級の形成』市橋秀夫・芳賀健一訳，青弓社，2003年）
———. (1971). "The Moral Economy of the English Crowd in the 18th Century." *Past and Present* 50: 76–136.
Tilly, C. (1984). "Demographic Origins of the European Proletariat," in D.

Shatzmiller, M. (2011). "Economic Performance and Economic Growth in the Early Islamic World, 700-1000." *Journal of the Economic and Social History of the Orient* 54: 132-84.

Shonfield, A. (1965). *Modern Capitalism: The Changing Balance of Public and Private Power*. Oxford.

Sinn, H.-W. (2009). *Kasino-Kapitalismus*. Berlin.

Sklansky, J. (2012). "The Elusive Sovereign: New Intellectual and Social Histories of Capitalism." *Modern Intellectual History* 9: 233-48.

———. (2014). "Labor, Money and the Financial Turn in the History of Capitalism." *Labor: Studies in Working Class History of the Americas* 11: 23-46.

Sokoll, T. (1994). *Europäischer Bergbau im Übergang zur Neuzeit*. Idstein, Germany.

Sombart, W. (1902). *Der moderne Kapitalismus*. 2 vols. Leipzig (3 vols. 2nd ed. Munich and Leipzig 1924-1927). (W・ゾンバルト『近世資本主義』第１巻第１・２冊，岡崎次郎訳，生活社，1942/43年)

Soros, G. (1998). *The Crisis of Global Capitalism*. New York. (G・ソロス『グローバル資本主義の危機——開かれた社会を求めて』大原進訳，日本経済新聞社，1999年)

Spree, R., ed. (2011). *Konjunkturen und Krisen in der Neueren Geschichte*. Berlin.

Spuler, B. (1952). *Iran in früh-islamischer Zeit*. Wiesbaden.

Standing, G. (2008). "Economic Insecurity and Global Casualization. Threat or Promise?" *Social Indicators Research* 88: 15-30.

Stanziani, A. (2013). *Bondage: Labor and Rights in Eurasia from the Sixteenth to the Early Twentieth Centuries*. New York.

Stark, W. (1993). "Techniken und Organisationsformen des Hansischen Handels im Spätmittelalter." In S. Jenks and M. North, eds., *Der Hansische Sonderweg?*, 101-201. Cologne.

Stearns, P. N. (1993). *The Industrial Revolution in World History*. Boulder, CO.

Steinert, H. (2010). *Max Webers unwiderlegbare Fehlkonstruktionen: Die pro-*

Schama, S. (1987). *The Embarrassment of Riches: An Interpretation of Dutch Culture in the Golden Age*. New York.

Schilling, H. (2012). *Martin Luther: Rebell in einer Zeit des Umbruchs*. Munich.

———. (2009). *Die Entzauberung der Welt: Sechs Studien zu Max Weber*. Tübingen.

Schluchter, W. (2009). *Die Entzäuberung der Welt. Sechs Studien zu Max Weber*. Tübingen.

Schmid, G., and P. Protsch. (2009). "Wandel der Erwerbsformen in Deutschland und Europa." Discussion paper SPI 2009-505. Berlin (WZB).

Schulz, K. (2010). *Handwerk, Zünfte und Gewerbe: Mittelalter und Renaissance*. Darmstadt.

Schumpeter, J. (1926). *Theorie der wirtschaftlichen Entwicklung*, 2nd. ed. Munich. (J・A・シュムペーター『経済発展の理論——企業者利潤・資本・利子および景気の回転に関する一研究』上・下，塩野谷祐一・東畑精一・中山伊知郎訳，岩波文庫，1977年)

———. (2005). *Kapitalismus, Sozialismus und Demokratie*. 8. Aufl. Tübingen. (J・A・シュムペーター『資本主義・社会主義・民主主義』中山伊知郎・東畑精一訳，東洋経済新報社，1995年)

———. (2010). *Konjunkturzyklen*. Göttingen (1961). (J・A・シュムペーター『景気循環論——資本主義過程の理論的・歴史的・統計的分析』全5巻，吉田昇三訳，金融経済研究所，2017年)

Sée, H. (1926). *Les origines du capitalisme moderne*. Paris. (H・セー『近代資本主義の起源』土屋宗太郎・泉倭雄訳，創元文庫，1954年)

Segre, S. (2012). "A Comment on a Recent Work by Heinz Steinert on Max Weber." *Österreichische Zeitschrift für Geschichtswissenschaften* 23: 16-32.

Sennett, R. (1998). *The Corrosion of Character*. New York. (R・セネット『それでも新資本主義についていくか——アメリカ型経営と個人の衝突』斎藤秀正訳，ダイヤモンド社，1999年)

Shadwell, A. (1920/1921). "Capitalism." *Edinburgh Review* 232 (July 1920): 69-83; 233 (January and April 1921): 80-99, 371-86.

———. (2008). *Kleine Geschichte des Kolonialismus*. 2nd ed. Stuttgart.

Reinhard, W. et al. (2014). *Geschichte der Welt 1350–1750. Weltreiche und Weltmeere*. Munich (*Empires and Encounters: 1350–1750. History of the World*. Cambridge, MA, 2015).

Rendall, C. (1997). "An Asian Route to Capitalism," *American Sociological Review* 62: 843–65.

Rifkin, J. (2014). *The Zero Marginal Cost Society: The Internet of Things, the Collaborative Comments, and the Eclipse of Capitalism*. Palgrave. (J・リフキン『限界費用ゼロ社会――〈モノのインターネット〉と共有型経済の台頭』柴田裕之訳，NHK 出版，2015年)

Rodinson, M. (2007). *Islam and Capitalism*. London. (M・ロダンソン『イスラームと資本主義』山内昶訳，岩波書店，1998年)

Rösener, W. (1993). *Die Bauern in der europäischen Geschichte*. Munich.

Rothschild, E. (2001). *Economic Sentiments: Adam Smith, Condorcet and the Enlightenment*. Cambridge, MA.

Roy, T. (2014). "Capitalism in India in the Very Long Run." In Neal and Williamson, *Cambridge History of Capitalism*. Vol. 1, 165–92.

Sabean, D. (2011). "German International Families in the Nineteenth Century." In C. H. Johnson et al., eds., *Transregional and Transnational Families in Europe and Beyond*, 229–52. New York.

Safley, T., ed. (2013). *The History of Bankruptcy: Economic, Social and Cultural Implications in Early Modern Europe*. New York.

Salvioli, G. (1906). *Le capitalisme dans le monde antique*. Paris.

Salvucci, R. (2014). "Capitalism and Dependency in Latin America." In Neal and Williamson, *Cambridge History of Capitalism*. Vol. 1, 403–30.

Sandel, M. J. (2012). *What Money Can't Buy: The Moral Limits of Markets*. New York. (M・J・サンデル『それをお金で買いますか――市場主義の限界』鬼澤忍訳，早川書房，2012年)

Sanyal, K. (2007). *Rethinking Capitalist Development: Primitive Accumulation, Governmentality and Post-Colonial Capitalism*. London.

Schäffle, A. E. F. (1870). *Kapitalismus und Socialismus mit besonderer Rücksicht auf Geschäfts- und Vermögensformen*. Tübingen.

———. (2009). *Die Verwandlung der Welt. Eine Geschichte des 19. Jahrhunderts.* Munich (*The Transformation of the World: A Global History of the Nineteenth Century.* Princeton, NJ, 2014).

Osterhammel, J., and N. P. Petersson. (2007). *Geschichte der Globalisierung.* Munich (*Globalization: A Short History.* Princeton, NJ, 2009).

Parthasarathi, P. (2008). "Was There Capitalism in Early Modern India?" In R. Datta, ed., *Rethinking a Millennium: Essays for Harbans Mukhia,* 342–60. Delhi.

Passow, R. (1927). "*Kapitalismus.*" 2nd ed. Jena.

Persson, K. G. (2014). "Markets and Coercion in Medieval Europe." In Neal and Williamson, *Cambridge History of Capitalism.* Vol. 1, 225–66.

Piketty, T. (2014). *Capital in the Twenty-First Century.* Cambridge, MA. (T・ピケティ『21世紀の資本』山形浩生・守岡桜・森本正史訳，みすず書房，2014年)

Pirenne, H. (1914). "The stages in the history of capitalism," *American Historical Review* 19: 494–515.

Plumpe, W. (2010). *Wirtschaftskrisen: Geschichte und Gegenwart.* Munich.

Polanyi, K. (1944). *The Great Transformation.* New York. (K・ポラニー『大転換』野口健彦・栖原学訳，東洋経済新報社，2009年)

Pomeranz, K. (2000). *The Great Divergence: China, Europe and the Making of the Modern World Economy.* Princeton, NJ. (K・ポメランツ『大分岐――中国，ヨーロッパ，そして近代世界経済の形成』川北稔監訳，名古屋大学出版会，2015年)

Proudhon, P.-J. (1851). *Idée générale de la révolution au dix-neuvième siècle.* Paris. (P・J・プルードン『19世紀における革命一般の思想』社会思想全集第27巻，延島英一訳，平凡社，1931年)

Pryor, F. L. (2010). *Capitalism Reassessed.* Cambridge.

Ptak, R. (1992). *Die chinesische maritime Expansion im 14. und 15. Jahrhundert.* Bamberg.

Redlich, F. (1964). *Der Unternehmer.* Göttingen.

Reinhard, W. (1985). *Geschichte der Europäischen Expansion.* Vol. 2. Stuttgart.

Future of Finance. New York.
Milanovic, B. (2011). "A Short History of Global Inequality: The Past Two Centuries." *Explorations in Economic History* 48: 494–506.
Mirowski, P., and D. Plehwe, eds. (2009). *The Road from Mont Pelerin: The Making of the Neoliberal Thought Collective*. Cambridge, MA.
Mommsen, W. (1997). Die Wirtschaftsgesinnung des modernen, marktorientierten Kapitalismus. In *L'éthique protestante de Max Weber et l'esprit de la modernité*, 208–24. Paris.
Muller, Jerry Z. (2002/2003). *The Mind and the Market: Capitalism in Western Thought*. New York, 2002; paperback 2003. (J・Z・ミュラー『資本主義の思想史――市場をめぐる近代ヨーロッパ300年の知の系譜』池田幸弘訳，東洋経済新報社，2018年)
Myant, M., and J. Drahokoupil. (2010). *Transition Economics: Political Economy in Russia, Eastern Europe, and Central Asia*. London.
Naughton, B. (2007). *The Chinese Economy: Transitions and Growth*. Cambridge, MA.
Neal, L., and J. G. Williamson, eds. (2014). *The Cambridge History of Capitalism*. 2 vols. Cambridge.
North, M. (2011). *Geschichte der Ostsee: Handel und Kulturen*. Munich.
O'Brien, P. (1982). "European Economic Development: The Contribution of the Periphery." *Economic History Review* 35, no. 1: 1–18.
———. (2010). "Ten Years of Debate on the Origins of the Great Divergence." *Reviews in History*. file://localhost/ (http//:www.history.ac.uk:reviews). 30 November 2010.
Offe, C. (1985). *Disorganized Capitalism: Contemporary Transformation of Work and Politics*. London.
Ogilvie, S. (2011). *Institutions and European Trade: Merchant Guilds 1000–1800*. Cambridge.
Ogilvie, S., and M. Cerman, eds. (1996). *European Proto-Industrialization*. Cambridge.
Osterhammel, J. (1987): J. A. Schumpeter und das Nicht-Ökonomische in der Ökonomie. *KZSS* 39, 40–58.

（M・マン『ソーシャルパワー——社会的な〈力〉の世界歴史』全４巻，森本醇・君塚直隆訳，NTT 出版，2002-2005年）
———.（2013）.“The End May Be Nigh, But for Whom?” In I. Wallerstein et al., *Does Capitalism Have A Future?*, 71-97. Oxford.
Marks, S. G.（2012）.“The Word ‘Capitalism’: The Soviet Union's Gift to America.” *Society* 49: 155-63.
Marx, K., and F. Engels（1956-1990）. *Werke*（abbrev. in notes: *MEW*）. Vols. 1-45. Berlin.（『マルクス・エンゲルス全集』大内兵衛・細川嘉六監訳，大月書店，全49巻＋補巻１～４，1959-1991年）
McCraw, T. K.（2007）. *Profet of Innovation: Joseph Schumpeter and Creative Destruction.* Cambridge, MA.（T・K・マクロウ『シュンペーター伝——確信による経済発展の預言者の生涯』，八木紀一郎監訳／田村勝省訳，一灯舎，2010年）
Medick, H.（1996）. *Weben und Überleben in Leichingen 1650-1900: Lokalgeschichte als Allgemeine Geschichte.* Göttingen.
Meiksins Wood, E.（2002）. *The Origin of Capitalism. A Longer View.* London.（E・メイクシンス・ウッド『資本主義の起源』平子友長・中村好孝訳，こぶし書房，2001年）
Mendels, F.（1972）.“Proto-Industrialization: The First Phase of the Industrialization Process.” *Journal of Economic History* 32: 241-61.
Merrill, M.（1990）.“The Anticapitalist Origins of the United States.” Review. *The Journal of the Fernand Braudel Center.* 13: 4: 465-97.
———.（1995）.“Putting ‘Capitalism’ in Its Place: A Review of Recent Literature.” *William and Mary Quarterly*, 3rd ser., 52: 315-26.
———.（2014）.“How Capitalism Got Its Name,” *Dissent*, Fall 2014, 77-81.
Middleton, J.（2009）. *The World of the Swahili: An African Mercantile Civilization.* New Haven, CT.
Mielants, E. H.（2007）. *The Origins of Capitalism and the “Rise of the West.”* Philadelphia.（E・ミラン『資本主義の起源と「西洋の勃興」』山下範久訳，藤原書店，2011年）
Mihm, S., and N. Roubini.（2010）. *Crisis Economics: A Crash Course in the*

Kwon, O. Yul. (2010). *The Korean Economy in Transition*. Cheltenham.
Landes, D. S. (1998). *The Wealth and Poverty of Nations: Why Some Are So Rich and Some So Poor*. New York. (D・S・ランデス『強国論——富と覇権の世界史』竹中平蔵訳，三笠書房，1999年)
Lash, S., and J. Urry. (1987). *The End of Organized Capitalism*. London.
Le Goff, J. (1956). *Marchands et banquiers au Moyen Age*. Paris, 1956.
———. (1986). *La bourse et la vie: Economie et religion au Moyen Age*. Paris. (J・ル・ゴッフ『中世の高利貸——金も命も』渡辺香根夫訳，法政大学出版局，1989年)
———. (2010). *Le Moyen Age et l' argent*. Paris. (J・ル・ゴフ『中世と貨幣——歴史人類学的考察』井上櫻子訳，藤原書店，2015年)
Lee, Ching Kwan (2007). *Against the Law: Labour Protests in China's Rustbelt and Sunbelt*, Berkeley.
Li, B. (2004). "Was There a Fourteenth-Century Turning Point?" In P. J. Smith and R. van Glahn, eds., *The Song-Yuan-Ming Transition in Chinese History*. Cambridge, MA.
Lichtenstein, N., ed. (2006). *American Capitalism: Social Thought and Political Economy in the Twentieth Century*. Philadelphia.
Lis, K., and H. Soly. (2012). *Worthy Efforts: Attitudes to Work and Workers in Pre-Industrial Europe*. Leiden.
Lu, H. (1992). "Arrested Development: Cotton and Cotton Markets in Shanghai, 1350-1843." *Modern China* 18: 468-99.
Lucassen, J., ed. (2006). *Global Labour History*. Bern, 2006.
Mackey, J. (2013). *Conscious Capitalism: Liberating the Heroic Spirit of Business*, Cambridge, MA.
Maier, A. (2007). *Der Heuschrecken-Faktor: Finanzinvestoren in Deutschland*. Munich.
Maier, Ch. S. (2011). Capitalism and Territory. " In Budde 2011b, 147-63.
Maiti, D., and K. Sen. (2010). "The Informal Sector in India: A Means of Exploitation or Accumulation?" *Journal of South Asian Development* 5: 1-13.
Mann, M. (1993-2013). *The Sources of Social Power*. Vols. 1-4. Cambridge.

eds., *Legitimation des Managements im Wandel*, 7–21. Wiesbaden.

———. (1990). *Arbeitsverhältnisse und Arbeiterexistenzen: Grundlagen der Klassenbildung im 19. Jahrhundert*. Bonn.

———. (2010). "Writing the History of Capitalism." *Bulletin of the German Historical Institute* 47 (Fall 2010): 7–24.

———. (2012a). "Grenzen von Markt und Staat." *Neue Gesellschaft/Frankfurter Hefte* 9: 38–40.

———. (2012b). "Reviving Labor History on a Global Scale." *International Labor and Working-Class History* 82: 92–98.

———. (2015). "Capitalism: The History of the Concept." In *International Encyclopedia of the Social & Behavioral Sciences*. 2nd ed. vol. 3, 105–110. Amsterdam.

Kocka, J., and C. Offe, eds. (2000). *Geschichte und Zukunft der Arbeit*. Frankfurt/Main.

Kocka, J., and M. van der Linden, eds. (2016). *Capitalism: The Reemergence of a Historical Concept*. London.

Kornai, J. (1992). *The Socialist System: The Political Economy of Communism*. Princeton, NJ.

Krämer, G. (2011). Islam, Kaplitalismus und die protestantische Ethik. In Budde 2011b, 116–146.

Kriedte, P. (1980). *Spätfeudalismus und Handelskapital. Grundlinien der europäischen Wirtschaftsgeschichte vom 16. bis zum Ausgang des 18. Jahrhunderts*. Göttingen (*Peasants, Landlords and Merchant Capitalists: Europe and the World Economy 1500–1800*. Cambridge, 1983).

Kriedte, P. et al. (1977). *Industrialisierung vor der Industrialisierung*. Göttingen (*Industrialization before Industrialization: Rural Industry in the Genesis of Capitalism*. Cambridge, 1981).

Krippner, G. R. (2011). *Capitalizing on Crisis: The Political Origins of the Rise of Finance*. Cambridge.

Kulischer, J. (1965). *Allgemeine Wirtschaftsgeschichte des Mittelalters und der Neuzeit*. 2 vols. 3rd ed. Vienna. (J・クーリッシェル『ヨーロッパ近世経済史』１・２，諸田實訳，東洋経済新報社，1982/83年)

『ケインズ説得論集』山岡洋一訳，日本経済新聞出版社，2010年所収／同『説得論集』ケインズ全集９，宮崎義一訳，東洋経済新報社，1981年所収）

———. (1936). *The General Theory of Employment, Interest and Money.* New York.（J・M・ケインズ『雇用，利子および貨幣の一般理論』上・下，間宮陽介訳，岩波文庫，2008／同『雇用・利子および貨幣の一般理論』ケインズ全集７，塩野谷祐一訳，東洋経済新報社，1983年）

Kindleberger, Ch. P. (1974). " 'The Great Transformation' by K. Polanyi," *Daedalus* 103, no. 1: 45-52.

Kindleberger, Ch. P., and R. Aliber. (2005). *Manias, Panics and Crashes: A History of Financial Crises.* 5th ed. Hoboken, NJ.（C・R・キンドルバーバー『熱狂，恐慌，崩壊――金融恐慌の歴史』吉野俊彦・八木甫訳，日本経済新聞社，2004年）

Kirshner, J. (2007). *Appeasing Bankers. Financial Caution on the Road to War.* Princeton.

Kisch, H. (1981). *Die hausindustriellen Textilgewerbe am Niederrhein vor der industriellen Revolution. Von der ursprünglichen zur kapitalistischen Akkumulation.* Göttingen (*From Domestic Manufacture to Industrial Revolution: The Case of the Rhineland Textile Districts.* Oxford, 1989).

Klein, N. (2014). *This Changes Everything. Capitalism vs. the Climate.* New York.（N・クライン『これがすべてを変える――資本主義 vs. 気候変動』上・下，幾島幸子・荒井雅子訳，岩波書店，2017年）

Kocka, J. (1972). "Siemens und der aufhaltsame Aufstieg der AEG." *Tradition* 17: 125-42.

———. (1978). "Entrepreneurs and Managers In German Industrialization." In P. Mathias and M. Postan, eds., *The Cambridge Economic History of Europe.* Vol. 7, pt. 1, 492-589. Cambridge.

———. (1979). "Familie, Unternehmer und Kapitalismus: An Beispielen aus der frühen deutschen Industrialisierung." *Zeitschrift für Unternehmensgeschichte* 24: 99-135.

———. (1983). "Legitimitätsprobleme und -strategien der Unternehmer und Manager im 19. und 20. Jahrhundert." In H. Pohl and W. Treue,

Höpner, M. (2004). "Sozialdemokratie, Gewerkschaften und Organisierter Kapitalismus, 1880–2002." MPIfG (Max Planck Institut für Gesellschaftsforschung). Discussion Paper 04/10. Cologne.

Honegger, C. et al., eds. (2010). *Strukturierte Verantwortungslosigkeit: Berichte aus der Bankenwelt.* Frankfurt.

Howell, M. C. (2010). *Commerce before Capitalism in Europe, 1300–1600.* Cambridge.

Hung, H. (2013). "Labor Politics under Three Stages of Chinese Capitalism," *South Atlantic Quarterly* 112: 203–12.

Ingham, G. (2011/2013). *Capitalism.* New York, 2011 (rev. ed. 2013).

Inikori, J. E. (2002). *Africans and the Industrial Revolution in England.* Cambridge.

Inkster, I. (2001). *The Japanese Industrial Economy.* London.

James, H. (2006). *Family Capitalism: Wendels, Haniels, Falcks and the Continental European Model.* Cambridge, MA.

———. (2016). "Finance Capitalism." In J. Kocka and M. van der Linden, eds. *Capitalism. The Reemergence of a Historical Concept,* 133–63. London.

Johnson, W. (2013). *River of Dark Dreams: Slavery and Empire in the Cotton Kingdom.* Cambridge, MA.

Jones, E. (1851). *Notes to the People.* London.

Jongman, W. M. (2014). "Re-constructing the Roman Economy." In Neal and Williamson, *Cambridge History of Capitalism.* Vol. 1, 75–100.

Jursa, M. (2014). "Babylonia in the First Millennium BCE — Economic Growth in Times of Empire." In Neal and Williamson, *Cambridge History of Capitalism.* Vol. 1, 24–42.

Kalleberg, A. L. (2009). "Precarious Work, Insecure Workers. Employment Relations in Transition." *American Sociological Review* 74: 1–22.

Kershaw, I. (2008). " 'Working towards the Fuhrer': Reflections on the Nature of the Hitler Dictatorship (1993)." In I. Kershaw, ed. *Hitler, the Germans, and the Final Solution,* 29–48. New Haven.

Keynes, J. M. (1927). *The End of Laissez-Faire.* London. (J・M・ケインズ

Hannar, L. (2013). "Corporation (and Alternatives) in America and Europe around 1910." Paper, Yale Economic History Workshop, Sept 16, 2013.

Harris, Robert. (2011). *The Fear Index*. New York.

Hart, K. (1973). "Informal Income Opportunities and Urban Employment in Ghana." *Journal of Modern African Studies* 11: 61-89.

Hartwell, R. M. (1983). "The Origins of Capitalism." In S. Pejovich, ed., *Philosophical and Economic Foundations of Capitalism*, 11-23. Lexington, MA.

Harvey, D. (2007). *Kleine Geschichte des Neoliberalismus*. Zurich. (*A Brief History of Neoliberalism*, 2007)（D・ハーヴェイ『新自由主義——その歴史的展開と現在』渡辺治監訳，作品社，2007年）

Haskell, L. (1992). "Capitalism and the Origins of the Humanitarian Sensibility." In T. Bender, ed., *The Antislavery Debate: Capitalism and Abolitionism as a Problem in Historical Interpretation*, 107-60. Berkeley, CA.

Heck, G. W. (2006). *Charlemagne, Muhammad and the Arab Roots of Capitalism*. Berlin.

Herbert, Ulrich. (2014). *Geschichte Deutschlands im 20. Jahrhundert*. Munich.

Heynen, R. (1905). *Zur Entstehung des Kapitalismus in Venedig*. Stuttgart and Berlin.

Hilger, M.-E. (1982). " 'Kapital, Kapitalist, Kapitalismus.' " In O. Brunner et al., eds., *Geschichtliche Grundbegriffe*. Vol. 3, 339-454. Stuttgart.

Hirschman, A. O. (1992). *Rival Views of Market Society and Other Recent Essays*. Cambridge, MA.

Hobsbawm, E. J. (1968/1999). *Industry and Empire: An Economic History of Britain since 1750*. New York, 1999 (repr. of 1968 ed., London).（E・J・ホブズボーム『産業と帝国』浜林正夫・神武庸四郎・和田一夫訳，未來社，1984/1996年）

Hobson, J. A. (1894). *The Evolution of Modern Capitalism*. London.（J・A・ホブソン『近代資本主義発達史論』上・下，住谷悦治・阪本勝・松沢兼人訳，改造図書出版販売，1977年）

Fernandez-Kelly, P., and J. Shefner, eds. (2006). *Out of the Shadows: Political Action and the Informal Economy in Latin America.* University Park, PA.

Findlay, R., and K. H. O'Rourke. (2007). *Power and Plenty: Trade, War, and the World Economy in the Second Millennium.* Princeton, NJ.

Finley, M. I. (1973). *The Ancient Economy.* Berkeley, CA.

Folsom, B. W., and F. McDonald. (2010). *The Myth of the Robber Barons: A New Look at the Rise of Big Business in America.* 6th ed. Hemden, VA.

Frentrop, P. (2002). *A History of Corporate Governance 1602–2002.* Amsterdam.

Frieden, J. A. (2007). *Global Capitalism: Its Fall and Rise in the Twentieth Century.* New York.

Friedman, M. (1962). *Capitalism and Freedom.* Chicago. (M・フリードマン『資本主義と自由』村井章子訳，日経BP社，2008年)

Fulcher, J. (2004). *Capitalism: A Very Short Introduction.* Oxford (new ed. 2015).

Galbraith, J. K. (2012). *Inequality and Instability: A Study of the World Economy Just Before the Great Crisis.* Oxford. (J・K・ガルブレイス『格差と不安定のグローバル経済学――ガルブレイスの現代資本主義論』塚原康博訳，明石書店，2014年)

Ghosh, P. (2008). *A Historian Reads Max Weber: Essays on the Protestant Ethic.* Wiesbaden.

Graeber, D. (2011). *Debt: The First 5000 Years.* New York. (D・グレーバー『負債論』酒井隆史監訳，以文社，2016年)

Grassby, R. (1999). *The Idea of Capitalism Before the Industrial Revolution.* Lanham, MD.

Hacker, L. M. (1963). "The Anticapitalist Bias of American Historians." In F. A. Hayek, ed., *Capitalism and the Historians,* 62–90. Chicago.

Hall, K. R. (1984). *Maritime Trade and State Development in Early Southeast Asia.* Cambridge.

Hall, P. A., and D. Soskice, eds. (2001). *Varieties of Capitalism: The Institutional Foundations of Comparative Advantage.* Oxford.

Merkur 720: 373–81 (“After the Crisis: Back to the Protestant Ethics? Six Critical Observations.” *Max Weber Studies* 10, no. 1 (2010): 11–21).
De Roover, R. (1963). *The Rise and Decline of the Medici Bank: 1397–1494*. New York.
De Vries, J. (2008). *The Industrious Revolution: Consumer Behaviour and the Household Economy 1650 to Present*. Cambridge.
De Vries, J., and A. van der Woude. (1997). *The First Modern Economy: Success, Failure and Perseverance of the Dutch Economy, 1500–1815*. Cambridge. (J・ド・フリース/A・ファン・デァ・ワウデ『最初の近代経済――オランダ経済の成功・失敗と持続力 1500–1815』大西吉之・杉浦未樹訳, 名古屋大学出版会, 2009年)
Deutsche Bundesbank. (1976). *Deutsches Geld- und Bankwesen in Zahlen 1876–1975*. Frankfurt.
Dore, R. (2000). *Stock Market Capitalism, Welfare Capitalism: Japan and Germany versus the Anglo-Saxons*. Oxford. (R・ドーア『日本型資本主義と市場主義の衝突――日・独対アングロサクソン』藤井眞人訳, 東洋経済新報社, 2001年)
Dunn, R. (2012). *The Adventures of Ibn Battuta: A Muslim Traveler of the 14th Century*. Berkeley, CA.
Duplessis, R. S. (1997). *Transitions to Capitalism in Early Modern Europe*. Cambridge.
Ehmer, J. (2001). “History of Work.” In *International Encyclopedia of the Social & Behavioral Sciences*. Vol. 24, 16569–75. London.
Ehrenberg, R. (1896). *Das Zeitalter der Fugger: Geldkapital und Kreditverkehr im 16. Jahrhundert*. Vol. 1. Jena.
Eisenberg, C. (2009). *Englands Weg in die Marktgesellschaft*. Göttingen. (*The Rise of Market Society in England, 1066–1800*. New York, 2014)
———. (2011). “Embedding Markets in Temporal Structures,” *Historical Social Research* 36, no. 3: 55–78.
Ferguson, N. (1999). *The House of Rothschild: The World's Banker 1849–1899*. New York.

Cambridge, MA.（A・D・チャンドラー Jr.『スケールアンドスコープ——経営力発展の国際比較』安部悦生他訳，有斐閣，1993年）
Chandrasekhar, C. P. (2010). "From Dirigisme to Neoliberalism: Aspects of the Political Economy of the Transition in India." *Development and Society* 39-1: 29-59.
Chaudhuri, K. N. (2005). *Trade and Civilization in the Indian Ocean: An Economic History from the Rise of Islam to 1750*. Cambridge.
Christian, D. (2004). *Maps of Time: An Introduction to Big History*. Berkeley, CA.
Cipolla, C. M. (1973). "The Industrial Revolution." In C. M. Cipolla, ed., *The Industrial Revolution*, vol. 3 of the Fontana Economic History of Europe, 7-21. London.
Cipolla C. M. (1976). "Die Industrielle Revolution in der Weltgeschichte." In K. Borchardt, ed. *Die Industrielle Revolution*, 1-10. Stuttgart.
Clark, G. (2005). "The Condition of the Working Class in England, 1209-2004," *Journal of Political Economy* 113: 1307-40.
Conert, H. (1998). *Vom Handelskapital zur Globalisierung. Entwicklung und Kritik der kapitalistischen Ökonomie*. Münster.
Conrad, S. (2013). *Globalgeschichte. Eine Einführung*. Munich.
Cooper F. (2003). "Capitalism and Capitalists." In P. T. Zeleza, ed., *Encyclopedia of Twentieth-Century African History*, 64-67. London.
———. (2009). "Afrika in der kapitalistischen Welt." In S. Randeria and A. Eckert, eds., *Vom Imperialismus zum Empire*, 37-73. Frankfurt.
Cowling, K., and P. R. Tomlinson. (2012). "Monopoly Capitalism." In D. C. Mueller, ed., *The Oxford Handbook of Capitalism*, 299-327. Oxford.
Crouch, C. (1993). *Industrial Relations and European State Tradition*. Oxford.
———. (2011). *The Strange Non-Death of Neo-liberalism*. Hoboken.
Cunningham, W. (1916). *The Progress of Capitalism in England*. Cambridge.（W・カニンガム『イギリス資本主義発達史』塚谷晃弘訳，邦光書房，1963年）
Dahrendorf, R. (2009). Nach der Krise. Zurück zur Protestantischen Ethik?

Breman, J. (2012). *Outcast Labour in Asia: Circulation and Informalization of the Workers at the Bottom of the Economy*. Oxford.

Brenner, R. (2001). "The Low Countries in the Transition to Capitalism," *Journal of Agrarian Change* 1, no. 2: 169–241.

———. (2007). "Property and Progress: Where Adam Smith Went Wrong." In C. Wickham, ed., *Marxist History-writing for the Twenty-first Century*, 49–109. Oxford. (R・ブレナー『所有と進歩』長原豊監訳, 日本経済評論社, 2013年)

Brick, H. (2006). *Transcending Capitalism: Visions of a New Society in Modern American Thought*. Ithaca, NY.

Broadberry, S., and B. Gupta. (2006). "The Early Modern Great Divergence." *The Economic History Review* 59: 2–31.

Bücher, K. (1927). "Gewerbe." In *Handwörterbuch der Staatswissenschaften*. 4th ed. Vol. 4, 966–99. Jena.

Buchheim, C. (1994). *Industrielle Revolutionen: Langfristige Wirtschaftsentwicklung in Großbritannien, Europa und in Übersee*. Munich.

Budde, G. (2011a). Das wechselvolle Kapital der Familie. In Budde 2011b, 97–115.

———, ed. (2011b). *Kapitalismus: Historische Annäherungen*. Göttingen.

Burnham, J. (1941). *The Managerial Revolution*. New York. (J・バーナム『経営者革命』武山泰雄訳, 東洋経済新報社, 1965年)

Carruthers, G., and W. N. Espeland. (1991). "Accounting for Rationality: Double-Entry Bookkeeping and the Rhetoric of Economic Rationality." *American Journal of Sociology* 971: 31–69.

Castel, R. (2009). *La montée des incertitudes: Travail, protections, statut de l'individu*. Paris. (R・カステル『社会喪失の時代』北垣徹訳, 明石書店, 2015年)

Chandler, A. D. Jr. (1977). *The Visible Hand: The Managerial Revolution in American Business*. Cambridge, MA. (A・D・チャンドラー Jr.『経営者の時代——アメリカ産業における近代企業の成立』上・下, 鳥羽欽一郎訳, 東洋経済新報社, 1979年)

———. (1990). *Scale and Scope: The Dynamics of Industrial Capitalism*.

Cambridge.

———. (2013b). *Europe in Crisis. Bolt from the Blue?* New York.

Berend, I. T., and R. Schubert. (2007). *Markt und Wirtschaft: Ökonomische Ordnungen und wirtschaftliche Entwicklung in Europa seit dem 18. Jahrhundert.* Göttingen.

Berger, S., and R. P. Dore. (1996). *National Diversity and Global Capitalism.* Ithaca, NY.

Bergheim, S. (2007). *Die glückliche Variante des Kapitalismus.* Frankfurt/Main.

Berghoff, H. (2011). "Rationalität und Irrationalität auf Finanzmarkten." In Budde 2011b, 73-96.

Berle, A., and G. Means. (1932). *The Modern Corporation and Private Property.* New York. (A・バーリ／G・ミーンズ『近代株式会社と私有財産』北島忠男訳，文雅堂研究社，1958年)

Bernstein, W. J. (2008). *A Splendid Exchange: How Trade Shaped the World.* New York.

Bin Wong, R., and J.-L. Rosenthal. (2011). *Before and Beyond Divergence: The Politics of Economic Change in China and Europe.* Cambridge, MA.

Blackford, M. G. (2008). *The Rise of Modern Business: Great Britain, the US, Germany, Japan and China.* Chapel Hill, NC.

Blanc, L. (1850). *Organisation du travail.* 9th ed. Paris.

Blickle, P. (1988). *Unruhen in der ständischen Gesellschaft 1300-1800.* Munich.

Boltanski, L., and È. Chiapello. (2006). *Der neue Geist des Kapitalismus.* Konstanz (*Le nouvel esprit du capitalisme.* Paris, 1999). (L・ボルタンスキー／È・シャペロ『資本主義の新たな精神』上・下，三浦直希他訳，ナカニシヤ出版，2013年)

Braudel, F. (1981, 1982, 1984). *Civilization and Capitalism, 15th-18th Century.* Vol 1: *The Structures of Everyday Life: The Limits of the Possible*; vol. 2: *The Wheels of Commerce*; vol. 3: *The Perspective of the World.* New York. (F・ブローデル『物質文明・経済・資本主義 15-18世紀』全6巻，山本淳一訳，みすず書房，1985-1999年)

Ashton, T. S. (1963). "The Treatment of Capitalism by Historians." In F. A. Hayek, ed. *Capitalism and the Historians*, 30–61. Chicago.

Ashtor, E. (1972). "Banking Instruments between the Muslim East and the Christian West." *Journal of European Economic History* 1: 553–73.

Atack, J., and L. Neal, eds. (2009). *The Origins and Development of Financial Markets and Institutions: From the Seventeenth Century to the Present*. Oxford.

Atkinson, A. B. (2015). *Inequality. What Can Be Done*. Cambridge, Mass. (A・B・アトキンソン『21世紀の不平等』山形浩生訳, 東洋経済新報社, 2015年)

Atkinson, A. B. et al. (2010). "Top Incomes in the Long Run of History." In A. B. Atkinson and T. Piketty, eds., *Incomes: A Global Perspective*, 664–759. Oxford.

Baptist, E. E. (2014). *The Half Has Never Been Told: Slavery and the Making of American Capitalism*. New York.

Baran, P. A., and P. M. Sweezy. (1966). *Monopoly Capital: An Essay on the American Economic and Social Order*. New York. (P・A・バラン／P・M・スウィージー『独占資本――アメリカの経済・社会秩序にかんする試論』小原敬士訳, 岩波書店, 1967年)

Becker, G. S., and G. N. Becker. (1997). *The Economics of Life: From Baseball to Affirmative Action to Immigration, How Real-World Issues Affect Our Everyday Life*. New York. (G・S・ベッカー／G・N・ベッカー『ベッカー教授の経済学ではこう考える――教育・結婚から税金・通貨問題まで』鞍谷雅敏・岡田滋行訳, 東洋経済新報社, 1998年)

Becker, U. (2013). "Measuring Change of Capitalist Varieties: Reflections on Method, Illustrations from the BRICs," *New Political Economy* 18: 503–32.

Beckert, S. (2014). *Empire of Cotton: A Global History*. New York.

Bell, D. (1979). *The Cultural Contradictions of Capitalism*. New York. (D・ベル『資本主義の文化的矛盾』上・中・下, 林雄二郎訳, 講談社学術文庫, 1976年)

Berend, I. T. (2013a). *An Economic History of Nineteenth-Century Europe*.

文献一覧

Abu-Lughod, J. L. (1989). *Before European Hegemony: The World System A.D. 1250-1350.* New York. (J・L・アブー＝ルゴド『ヨーロッパ覇権以前』上・下，佐藤次高・斯波義信・高山博・三浦徹訳，岩波書店，2001年)

Akerlof, G. A., and R. J. Shiller. (2009). *Animal Spirits.* Princeton. (G・A・アカロフ／R・J・シラー『アニマルスピリット』山形浩生訳，東洋経済新報社，2009年)

Albert, M. (1993). *Capitalism against Capitalism.* London. (M・アルベール『資本主義対資本主義』久水宏之監修，小池はるひ訳，竹内書房新社，2011年)

Allen, R. C. (2009). *The British Industrial Revolution in Global Perspective.* Cambridge. (R・C・アレン『世界史のなかの産業革命』眞嶋史叙・中野忠・安元稔・湯沢威訳，名古屋大学出版会，2017年)

Amable, B. (2003). *The Diversity of Modern Capitalism.* Oxford. (B・アマーブル『五つの資本主義』山田鋭夫他訳，藤原書店，2005年)

Anderson G. (2008). *Cityboy: Beer and Loathing in the Square Mile.* London.

Appleby, J. (2010). *The Relentless Revolution: A History of Capitalism.* New York.

Arnold, D., and J. R. Bongiovi. (2013). "Precarious, Informalizing and Flexible Work." *American Behavioral Scientist* 57: 289-308.

Arrighi, G. (1994). *The Long Twentieth Century: Money, Power and the Origins of Our Time.* London. (G・アリギ『長い20世紀――資本，権力，そして現代の系譜』土佐弘之監修／柄谷利恵子訳，作品社，2009年)

――――. (2007). *Adam Smith in Beijing: Lineages of the Twenty-First Century.* London. (G. アリギ『北京のアダム・スミス――21世紀の諸系譜』中山智香子監訳，作品社，2011年)

フリードマン（Friedman, Milton）　172
プルードン（Proudhon, Pierre Joseph）　10
ブローデル（Braudel, Fernand）　26 f.
ペイン（Paine, Thomas）　99
ヘーゲル（Hegel, Georg Wilhelm Friedrich）　17
ベッカー（Becker, Gary）　172
ベル（Bell, Daniel）　131
ベレンド（Berend, Iván）　129
ホッブズ（Hobbes, Thomas）　99
ホブズボーム（Hobsbawm, Eric John Ernest）　111
ホブソン（Hobson, John A.）　12
ポメランツ（Pomeranz, Kenneth）　*63*, 103
ポラニー（Polanyi, Karl）　25 f., *27*

マ　行

マイラーノ（Mairano, Romano）　50, *53*
マクシミリアン１世（Maximilian I）　72
マッコイ（McCoy, Sherman）　134 f.
マルクス（Marx, Karl）　i, 10 f., 14-18, 33, 62, 66, *101*, 136, 143, 148
マルサス（Malthus, Thomas）　103
マンデヴィル（de Mandeville, Bernard）　99
ミュンテフェリング（Müntefering, Franz）　129
ムハンマド（Muhammad）　40, 44
メディチ（de Medici, Cosimo）　50, 52, *53*
毛沢東　163 f.
モンテスキュー（Baron de Montesquieu）　99

ラ　行

ラインハルト（Reinhard, Wolfgang）　66, 80
ラーテナウ（Rathenau, Emil）　126
リープクネヒト（Liebknecht, Wilhelm）　10, *11*
ルクセンブルク（Luxemburg, Rosa）　28, 176
レーニン（Lenin, Wladimir, Iljitsch）　28, 176
ロック（Locke, John）　99
ロックフェラー（Rockfeller, John D.）　122 f.
ロートベルトゥス（Rodbertus, Johann Karl）　10, *13*

サ 行

シェフレ（Schäffle, Albert Eberhard Friedrich） 10 f.
ジーメンス（von Siemens, Wilhelm） 118, *119*, 120–122, 126
シュルフター（Schluchter, Wolfgang） 20
シュンペーター（Schumpeter, Josepf A.） 14, 21–24, 114
シリング（Schilling, Heinz） 98
シンドバッド（Sindbad the Sailor） 44
スターク（Stark, Jürgen） 128
スタンフォード（Stanford, Amasa Leland） 123
スミス（Smith, Adam） 17, 44, 94, 100–102, 155 f.
スピノザ（de Spinoza, Baruch） 99
ソロス（Soros, George） 128
ゾンバルト（Sombart, Werner） 11, 19 f., 22, 51, 107

タ 行

ダーレンドルフ（Dahrendorf, Ralf） 131
チポラ（Cipolla, Carlo M.） 111
ティリー（Tilly, Charles） 140
鄭和（Zheng-He） 39
デューク（Duke, James Buchanan） 123
ド・フリース（de Vries, Jan） 93

ナ 行

ニュートン（Newton, Isaac） 74

ハ 行

ハウプトマン（Hauptmann, Gerhart） 143
ハリス（Harris, Robert） *131*
ヒトラー（Hitler, Adolf） 176
ヒューム（Hume, David） 99
ヒルファーディング（Hilferding, Rodolf） 28, *125*
ファン・デル・ウェー（van der Wee, Herman） 73
ファルチャー（Fulcher, James） 159
フィンリー（Finley, Moses） 36
フッガー（Fugger, Jacob） 50, *53*, 72, 90
ブラン（Blanc, Lous） 10

領邦君主　72, 83, 85
領邦国家　61, 65, 67, 74
レンテ（レント）　8 f., 36, 57
レンテ資本主義　20, *37*
ローマ（帝国）　36, 40, 45 f.
ローマ法　51
労働者運動　146-148, *149*, 154, 157

人名索引

ア　行

アッベ（Abbe, Ernst）　145
アリギ（Arrighi, Giovanni）　27 f.
アリストテレス（Aristotle）　98
アル・トゥシ（al-Tusi, Nasir ad-Din）　44
イブン・ハルドゥーン（Ibn Khaldun）　44, *45*
ヴァンダービルト（Vanderbilt, Cornelius）　123
ヴェーバー（Weber, Max）　14, 18-20, 24, 33, *37*, 51, *63*, 98, *99*, 107, 136, 138
ヴェブレン（Veblen, Thorstein）　12
ウォラーステイン（Wallerstein, Immanuel）　27 f.
ウルフ（Wolfe, Tom）　134
エンゲルス（Engels, Friedrich）　17
オーウェン（Owen, Robert）　145

カ　行

ガザリ（Ghazali, Abu Hamid Muhammad ibn Muhammad）　44
カーショウ（Kershaw, Ian）　176
カーネギー（Carnegie, Andrew）　123
カール5世（Karl V/Charles V）　72
キルドルフ（Kirdorf, Emil）　123
グロティウス（Grotius, Hugo）　99
ケインズ（Keynes, John Maynard）　24 f., 159
コルテス（Cortés, Hernán）　67
コンドルセ（Marquis de Condorcet）　99, 102

ハ　行

マ　行

ヤ　行

ラ　行

タ　行

ナ　行

サ　行

索　引

（頁数のイタリックは註）

事項索引

ア　行

カ　行

著者略歴

ユルゲン・コッカ（Jürgen Kocka）

1941年生まれ．ビーレフェルト大学教授，ベルリン自由大学教授を歴任し，現在ベルリン自由大学名誉教授．ドイツ近現代史，ヨーロッパ比較史．訳書に『市民社会と独裁制——ドイツ近現代史の経験』（松葉正文・山井敏章訳，岩波書店，2011年），『社会史とは何か——その方法と軌跡』（仲内英三・土井美徳訳，日本経済評論社，2000年），『国際比較・近代ドイツの市民——心性・文化・政治』（編著，望田幸男監訳，ミネルヴァ書房，2000年），『歴史と啓蒙』（肥前栄一・杉原達訳，未來社，1994年），『ヴェーバー論争』（住谷一彦・小林純訳，未來社，1994年），『工業化・組織化・官僚制——近代ドイツの企業と社会』（加来祥男編訳，名古屋大学出版会，1992年）がある．

訳者略歴

山井敏章（やまい・としあき）

1954年生まれ．立命館大学経済学部教授．ヨーロッパ近代社会経済史．著書に『「計画」の20世紀——ナチズム・〈モデルネ〉・国土計画』（岩波書店，2017年），『ドイツ初期労働者運動史研究——協同組合の時代』（未來社，1993年）が，共訳書に『市民社会と独裁制』（コッカ著，岩波書店，2011年）がある．

ISBN978-4-409-51080-3 C1022

資本主義の歴史
——起源・拡大・現在

二〇一八年一二月二〇日 初版第一刷発行
二〇二三年 四 月三〇日 初版第七刷発行

著 者 ユルゲン・コッカ
訳 者 山井敏章
発行者 渡辺博史
発行所 人文書院
〒六一二-八四四七
京都市伏見区竹田西内畑町九
電話〇七五・六〇三・一三四四
振替〇一〇〇〇-八-一一〇三
印刷所 創栄図書印刷株式会社
装 丁 間村俊一

フリードリヒ・ゲオルク・ユンガー著
今井敦、桐原隆弘、中島邦雄監訳

技術の完成

四五〇〇円

技術文明の本質を多方面から根本的に考察し、ハイデガーにも影響を与えた技術批判論の重要作、本邦初訳。著者はエルンスト・ユンガーの三歳下の弟。「近代のエコロジー論争を先取りした、驚嘆するほどに広い視野を持つ本である。」（社会学者シュテファン・ブロイアー）